Verena Purrucker

Möglichkeiten und Grenzen von Franchisesystemen in der zahnärztlichen Versorgung in Deutschland

SCHRIFTENREIHE MASTERSTUDIENGANG CONSUMER HEALTH CARE

herausgegeben von Prof. Dr. Marion Schaefer

ISSN 1869-6627

2 *Janna K. Schweim*
Untersuchungen zum Arzneimittelversandhandel aus Verbrauchersicht
ISBN 978-3-8382-0071-2

3 *Ansgar Muhle*
Deutsche Gesundheitsportale im Netz
Kritische Einschätzung anhand der gängigen Qualitätssiegel
ISBN 978-3-8382-0086-6

4 *Elizabeth Storz*
Psychopharmakamarkt in Deutschland
Eine Untersuchung zu den Strukturveränderungen durch das Arzneiversorgungs-Wirtschaftlichkeitsgesetz (AVWG)
ISBN 978-3-8382-0109-2

5 *Ursula Sellerberg*
Heilpflanzen-Datenbanken im Internet
Eine kritische Untersuchung anhand verbraucherrelevanter Kriterien
ISBN 978-3-8382-0092-7

6 *Rüdiger Kolbeck*
Arzneimittelfälschungen auf globaler und nationaler Ebene
Eine Studie über das Problembewusstsein bei Patienten und Experten
ISBN 978-3-8382-0155-9

7 *Silke Lauterbach*
Das diabetische Fußsyndrom
Ein Ratgeber zur Identifizierung von Risikopatienten in der Apotheke
ISBN 978-3-8382-0182-5

8 *Judith Rommerskirchen*
Die Arzneimittelrabattverträge der gesetzlichen Krankenversicherungen
Eine Studie über Probleme bei ihrer Umsetzung an der Schnittstelle von Arzt und Apotheker
ISBN 978-3-8382-0253-2

9 *Verena Purrucker*
Möglichkeiten und Grenzen von Franchisesystemen in der zahnärztlichen Versorgung in Deutschland
ISBN 978-3-8382-0186-3

Verena Purrucker

MÖGLICHKEITEN UND GRENZEN VON FRANCHISESYSTEMEN IN DER ZAHNÄRZTLICHEN VERSORGUNG IN DEUTSCHLAND

ibidem-Verlag
Stuttgart

Bibliografische Information der Deutschen Nationalbibliothek
Die Deutsche Nationalbibliothek verzeichnet diese Publikation in der Deutschen Nationalbibliografie; detaillierte bibliografische Daten sind im Internet über http://dnb.d-nb.de abrufbar.

Bibliographic information published by the Deutsche Nationalbibliothek
Die Deutsche Nationalbibliothek lists this publication in the Deutsche Nationalbibliografie; detailed bibliographic data are available in the Internet at http://dnb.d-nb.de.

∞

Gedruckt auf alterungsbeständigem, säurefreien Papier
Printed on acid-free paper

ISSN: 1869-6627

ISBN-13: 978-3-8382-0186-3

Printed in Germany

Inhaltsverzeichnis

1. Zusammenfassung

Die Forderung nach einer höheren Wirtschaftlichkeit im qualitätsorientieren deutschen Gesundheitswesen führt letztlich auch zu Veränderungen in der Versorgungsstruktur. In der Konsequenz bedient man sich zunehmend betriebswirtschaftlicher Mechanismen und Modelle, die es ermöglichen sollen, dieser Forderung nach Wirtschaftlichkeit gerecht zu werden. Dabei wird jedoch nicht beachtet, dass die Voraussetzungen der regulären Marktmechanismen im Gesundheitsbereich nur teilweise greifen können, da gesetzliche Rahmenbedingungen diese Mechanismen einschränken und das Gesundheitswesen nicht mit freien Märkten vergleichbar ist. Das Ziel dieser Forderung muss deshalb einhergehen mit einer Erhöhung des Nutzens auch für den einzelnen Patienten. Derzeitige Veränderungen setzen jedoch primär auf Einschränkungen der gesetzlichen Leistungen und prozess- anstatt patientenorientierte Versorgungsmechanismen und streben vorrangig die wirtschaftliche Konsolidierung der Leistungsträger an. Das hat unter anderem zur Folge, dass Patienten einen nicht unerheblichen Teil der Leistungen privat finanzieren müssen und somit der Grundsatz des Solidaritätsprinzips eingeschränkt wird. Damit wird einer Risikoabwälzung auf die Patienten und Bürger noch mehr Vorschub geleistet. Hinzu kommt, dass durch die verstärkte Liberalisierung des Gesundheitsmarktes neue vornehmlich ökonomisch interessierte Marktteilnehmer angezogen werden, die den Einsatz rein marktwirtschaftlicher Mechanismen und Unternehmensformen forcieren.

Eine immer häufiger zu beobachtende Erscheinung von ökonomisch orientierten Unternehmensformen ist das Franchising, das auch Einzug in die zahnmedizinische Versorgung gehalten hat. Grundsätzlich basiert diese Vertriebsform auf standardisierten Prozessen und einem einheitlichen Erscheinungsbild. Dieser wertneutralen Idee steht zunächst der freie Heilberuf eines unabhängigen Zahnarztes entgegen, der durch den Beitritt zu einem Franchisesystem seine Handlungsweisen systemkonform anpassen muss. Die Standardisierung der zahnärztlichen Dienstleistungen kann einerseits zu Einschränkungen bei der individuellen Patientenorientierung, andererseits jedoch auch zur Etablierung von Qualitätsstandards führen. Die hier vorgestellte Analyse ausgewählter deutscher Systeme zeigt ein gewisses Potential, wonach Franchising grundsätzlich zu einer besseren Versorgung im zahnmedizinischen Bereich beitragen kann, wenn das Konzept grundsätzlich qualitätsorientiert ausgerichtet ist. Dabei ist es notwendig, dass die Qualitätsansprüche permanent überprüft werden und sich dem wandelnden medizinischen Standard anpassen. Wenn der FG sein Konzept darauf ausrichtet, dass dem Zahnarzt mehr Zeitkapazität für seine Kernkompetenzen eingeräumt wird, dann kann ein patientenorientiertes Franchisekonzept durchaus zu einer besseren medizinischen Versorgung beitragen. Insbesondere die Marktbedeutung eines zahnärztlichen Franchisesystems gegenüber einer Einzelpraxis im vertragsorientierten Gesundheitswesen kann dem angeschlossenen Zahnarzt einen Vorteil bieten. Allerdings muss der FG zur erfolgreichen Umsetzung seines Systems einige wesentliche Voraussetzungen erfüllen. Der FG sollte es vor allem ermöglichen, eine Balance zwischen wirtschaftlicher und heilberuflicher Optimierung zu finden. Bei der Selektion der potentiellen FN muss der FG deshalb im Interesse der Qualitätssicherung und der Imagewahrung äußerst sorgfältig vorgehen. Die FN müssen über eine ausreichende Qualifikation, Berufserfahrung und Einstellung zum System verfügen. Sie müssen bereit sein, sich einer freiwilligen Leistungskontrolle zu unterziehen und bisherige Arbeitsweisen ggf. anzupassen. Insbesondere in der Aufbauphase eines Franchisesystems erfordert dies einen hohen Kapitaleinsatz vom FG, der zunächst das System als Marke etablieren muss. Denn der Erfolg eines Franchisesystems steigt nicht zuletzt mit der Anzahl der FN, und die Pioniere des Systems müssen zudem einen finanziellen oder heilberuflichen Anreiz haben, der dem wirtschaftlichen Risiko der Anfangsphase gerecht wird. Wenn es also gelingt, die zahnärztliche Versorgung auf heilberuflicher Basis im wirtschaftlichen Rahmen zum Wohle des Patienten auszurichten, dann ist das Franchising eine Versorgungsform, die nicht nur gesundheitspolitischen Vorgaben gerecht wird, sondern auch jedem einzelnen Patienten nutzt.

2. Einleitung

Das deutsche Gesundheitswesen befindet sich seit mehreren Jahren in einem tief greifenden Umbruch. Infolge zunehmenden Kostendrucks und einem unvermindert hohen Qualitätsanspruch haben sowohl Politik als auch die Leistungserbringer der gesundheitlichen Versorgung die Notwendigkeit struktureller Veränderungen erkannt und mit deren Umsetzung begonnen. Diese Veränderungen finden ihren Ausdruck u.a. in den als „Gesundheitsreformen“ bekannt gewordenen Gesetzesnovellen der vergangenen Jahre. Die Auswirkungen für sämtliche Stakeholder der Versorgung sind immens. Neben Krankenkassen und Leistungserbringern sind auch die Leistungsempfänger von den neuen Regelungen betroffen. So wird der Gesundheitsmarkt schrittweise den Mechanismen eines weitestgehend freien Wettbewerbs geöffnet. Es wird versucht unter Anwendung betriebswirtschaftlicher Maßnahmen und Theorien dem deutlich gestiegenen Kostendruck gerecht zu werden und dabei gleichermaßen die hohen Qualitätsansprüche an die Leistungserbringung nicht zu vernachlässigen. Gleichzeitig werden immer weniger Versorgungsleistungen von der gesetzlichen Krankenkasse abgedeckt, so dass Patienten mittlerweile einen nicht unerheblichen Teil der in Anspruch genommenen Leistungen privat finanzieren müssen.

Sowohl die Gesundheitsreformen als auch die zunehmende Privatfinanzierung von Versorgungsleistungen erstrecken sich auch auf die zahnmedizinische Versorgung. Für Zahnärzte resultiert die Notwendigkeit, ihre heilberufliche Funktion um eine beratende Funktion gegenüber ihren Patienten zu erweitern. Konkret bedeutet dies, verschiedene Therapieansätze unter Kosten-Nutzen-Aspekten zu erläutern und den Patienten ganzheitlich zu beraten. Die heilberufliche Tätigkeit wird durch die Gesetzesnovellen erweitert. Die Praxisinhaber müssen zunehmend wirtschaftlicher handeln. Dadurch entsteht bei den Inhabern der Zahnarztpraxen ein erhöhter Kostendruck. Um dennoch in der Lage zu sein, den eigenen finanziellen Ansprüchen sowie den Bedürfnissen der Angestellten gerecht zu werden, sind Rationalisierungsmaßnahmen eine logische Konsequenz. Die bereits begonnene Liberalisierung des Gesundheitsmarktes hat zur Folge, dass der Markt für rein ökonomisch interessierte Marktteilnehmer zunehmend attraktiver wird. Diese bis dato nicht im Markt für Gesundheit aktiven Interessengruppen versuchen sich durch Adaption unterschiedlicher betriebswirtschaftlicher Maßnahmen und Methoden erfolgreich in diesem Markt zu etablieren. Ein Beispiel der Ökonomisierung des Gesundheitsmarktes ist das zunehmende Auftreten von Franchisesystemen. Dass dieses Geschäftsformat grundsätzlich als vielversprechend gilt, verdeutlicht die Bedeutung der Unternehmensform Franchising in Deutschland. In den vergangenen zehn Jahren hat sich der Umsatz von Franchisesystemen in Deutschland nahezu verdreifacht und beträgt für das Jahr 2006 37,6 Mrd. Euro (1). Mit ca. 900 Franchisesystemen, etwa 51.000 Franchisenehmern (FN) und insgesamt 429.000 Beschäftigten, zählt Deutschland zu den europäischen Ländern mit der höchsten Dichte an Franchisebetrieben. Eine vergleichbar hohe Dichte weisen innerhalb Europas nur Großbritannien und Frankreich auf (1). Wichtigster Wachstumstreiber im deutschen Franchisegeschäft war in den vergangenen Jahren der Dienstleistungsbereich. Ein deutliches Wachstum wird außerdem neben den Bereichen Bildung sowie Umwelt/Energie insbesondere für die Bereiche Gesundheit und ambulante Pflege prognostiziert (2).

Im Zuge dessen treten vermehrt Ansätze von Franchisesystemen in der zahnärztlichen Versorgung auf. Es resultiert die Fragestellung, ob die Erscheinung von Franchisesystemen eine tatsächliche Lösung für die Anforderung der Wirtschaftlichkeit und Qualität im Gesundheitswesen bietet. Ebenfalls ist zu hinterfragen, ob Franchising ein besseres Versorgungsmodell ist oder sich ausschließlich als ein lukratives Geschäft für neue Marktteilnehmer (Franchisegeber) entwickelt.

3. Ziel und Aufgabenstellung

Ziel dieser Arbeit ist es, derzeit in Deutschland bestehende Franchisesysteme in der zahnärztlichen Versorgung zu analysieren und zu ermitteln welche Anforderungen aus Sicht der verschiedenen Stakeholder[1] an entsprechende Franchisesysteme gestellt werden. Hierzu werden zunächst die Veränderungen der Versorgungsstruktur im deutschen Gesundheitswesen allgemein sowie im speziellen Bezug auf die zahnmedizinische Versorgung beleuchtet. Anschließend wird das Vertriebskonzept Franchising, insbesondere das für die zahnmedizinische Versorgung relevante Dienstleistungsfranchising, erläutert. Nach einer Vorstellung bisheriger Franchisemodelle im Gesundheitswesen, werden die in Deutschland bestehenden Systeme der zahnärztlichen Versorgung bewertet. Dabei werden die Systeme sowohl nach der praktischen Umsetzung der eigentlichen Franchiseidee als auch der Praktikabilität für die medizinische Versorgung beurteilt.

---

1 Unter dem Begriff Stakeholder werden alle Anspruchsgruppen und Anspruchsbeteiligten des sozioökonomischen Umfeldes des Gesundheitswesens verstanden.

4. Material und Methode

Für die Informationen über das Gesundheitswesens und die Veränderungen durch die Gesundheitsreformen wurde eine Datenbankrecherche mit der WISO Datenbank durchgeführt.[2] Die WISO Datenbank greift bei ihrer Recherche auf 14 andere Datenbanken und 290 deutschsprachige Zeitschriften zurück. Es wurde im Bereich der Zeitschriften, sowie Zeitungen der Tages und der Wochenpresse, nur Artikel aus Deutschland berücksichtigt. Ebenfalls wurde eine Internetrecherche über die Suchmaschinen „google", „yahoo" und „fireball" durchgeführt. Für die Hintergrundinformationen des Franchisings wurde ebenfalls eine Datenbankrecherche durchgeführt. Hierbei wurde die Datenbank WISO und die Datenbank EBSCO genutzt.[3] Die Datenbank EBSCO wurde für das Thema Franchising zusätzlich genutzt, da diese Datenbank ebenfalls die angloamerikanische Literatur berücksichtigt, welche für das Thema relevant ist. EBSCO ist mit über 100 internationalen Datenbanken verknüpft und bietet eine elektronische Zeitschriftensuche von über 1000 Zeitschriften der wirtschaftswissenschaftlichen Literatur. Für den Bereich des Franchisings im dentalen Bereich wurde zusätzlich noch die Datenbank Medline herangezogen.

Die Suche nach Informationen zu anderen Franchisesystemen im deutschen, europäischen und amerikanischen Gesundheitsmarkt wurde durch eine Internetrecherche durchgeführt. Für die amerikanischen Beispiele wurden zusätzlich Informationsbroschüren von den Franchisegebern (FG) angefordert und telefonische Informationsgespräche geführt. Für die Informationen des spanischen Franchisesystems wurden verschiedene FN[4] besucht. Ebenfalls wurden Patienten[5], die die entsprechenden Einrichtungen in Anspruch genommen hatten, befragt.

---

[2] Stand April 2008

[3] Stand April 2008

[4] Albacete, Madrid, Salamanca

[5] Albacete, Madrid

Für den Vergleich bestehender Franchisesysteme der zahnärztlichen Versorgung in Deutschland wurde ein Fragebogen an die wesentlichen FG via Email versandt. Um eine möglichst hohe Beteiligung sicherzustellen, wurden diese eine Woche nach dem Versand telefonisch kontaktiert. Die Befragten konnten entscheiden, welche Art der Rücksendung sie bevorzugten. Sofern FG nicht zur Auskunft bereit waren, wurde auf Sekundärinformationen der Tages- und Wochenpresse zurückgegriffen. Diese sind im weiteren Verlauf besonders gekennzeichnet, bzw. werden als solche ausgewiesen. Für die Darstellung der Franchisekonzepte wurde sowohl auf Aussagen der Fragebögen, als auch auf die Konzeptdarstellung der Homepages und zur Verfügung stehenden Franchiseverträge zurückgegriffen. Zudem wurden Pressemitteilungen und Berichte der Tages- und Wochenpressen berücksichtigt. Da die Anzahl der relevanten FG gering war, wurde bei der Auswertung der Fragebögen auf den Einsatz von Statistikprogrammen verzichtet.

5. Die Veränderungen der Versorgungsstrukturen im deutschen Gesundheitswesen

Die in den letzten Jahren eingetretenen Veränderungen der Versorgungsstruktur im deutschen Gesundheitswesen waren und sind sowohl für Leistungsträger, Leistungserbringer und Leistungsempfänger erheblich. Der folgende Abschnitt zeigt die Veränderungen der Versorgungsstrukturen auf und erläutert, welche Faktoren das Auftreten neuer Betriebsformen in unserem Gesundheitswesen bedingen. Zunächst werden die wesentlichen, in diesem Zusammenhang relevanten, Inhalte der Gesundheitsreformen skizziert. Im Anschluss daran wird die Konzentration in der Arzneimittelversorgung, in der stationären Versorgung sowie in der Hilfsmittelversorgung anhand praktischer Beispiele beschrieben. Darüber hinaus wird das zahnärztliche Berufsumfeld erläutert, und es werden sowohl interne als auch externe Einflussfaktoren auf die zahnärztliche Tätigkeit vorgestellt. Anschließend werden die Auswirkungen der in Abschnitt 5.2 erläuterten gesetzlichen Veränderungen auf die zahnärztliche Versorgung dargestellt.

5.1. Gesundheitsreformen als Motor der Veränderung

Ausgangspunkt der Veränderungen im deutschen Gesundheitswesen sind die Gesundheitsreformen, die es ermöglichen, innovative Versorgungsformen zu bilden und gleichzeitig die Position einzelner Stakeholder im Gesundheitswesen zu verändern. Ziel der Reformen ist eine „nachhaltige Sicherung eines leistungsfähigen, solidarischen und finanzierbaren Gesundheitssystems". Ein wesentliches Instrument zu deren Umsetzung ist die Integration und Stärkung des „Wettbewerbes" zwischen den Stakeholdern im Gesundheitswesen.[6] Erklärtes Ziel ist es, „Qualität, Transparenz und Wirt-

---

[6] An dieser Stelle wird bewusst darauf verzichtet, eine Pro und Kontra Diskussion über die Gesundheitsreformen und deren Auswirkungen zu integrieren. Primär soll in diesem Abschnitt die Zielsetzung der Bundesregierung dargestellt werden. Für

schaftlichkeit“ zum „Nutzen aller Bürgerinnen und Bürger“ zu erreichen. (3)

Mit der Gesundheitsreform 2004 wurde der Wettbewerb um Qualität im Gesundheitswesen aktiv eingeleitet. Ziel der Reform war es, die Eigenverantwortung der Patienten zu stärken, den Ansatz der ganzheitlichen Versorgung zu fördern, Bürokratie in der Verwaltung abzubauen und die Arbeitsbedingungen der freien Berufe zu verbessern (4). Das Gesetz zur Modernisierung der gesetzlichen Krankenversicherung (GKV-Modernisierungsgesetz-GMG) setzte unter anderem den rechtlichen Rahmen für die Gründung medizinischer Versorgungszentren (MVZ) durch Ärzte.[7] MVZ sind Einrichtungen, in denen eine fachübergreifende Zusammenarbeit von Medizinern stattfindet, damit der Patient aus „einer Hand“ versorgt werden kann. Ziel ist es, Doppeluntersuchungen zu vermeiden und Therapien auf Ebene der Fachärzte zu koordinieren. Außerdem sollen MVZ zur Kostensenkung beitragen, indem nicht erforderliche Untersuchungen und/oder nicht übereinstimmende Therapieansätze vermieden werden.(5) In diesem Zusammenhang ist insbesondere die Kommunikation zwischen den Ärzten von hoher Bedeutung, um die Versorgungsqualität im Zuge einer optimierten und abgestimmten Vorgehensweise sicherzustellen. Die Zusammenarbeit in den MVZ ermöglicht es Medizinern unter anderem, höhere Investitionen für Anlagevermögen[8] zu tätigen und eine bestmögliche Auslastung der Untersuchungsgeräte zu gewährleisten. Die Führung eines MVZ muss unter unternehmerischen Gesichtspunkten verlaufen (6). In Bezug auf die Organisationsform unterliegt der Gründung von MVZ, mit der Ausnahme der Führung durch einen Arzt, keinen Rest-

die Fragestellung dieser Arbeit ist es notwendig, die ursprüngliche Absicht der Reformen darzustellen, damit die Erscheinungsform „Franchising“ im Gesundheitswesen nach diesen Kriterien beurteilt werden kann.

7 Definiert in §95 SGB V

8 Z. B. Diagnostika und Instrumente mit höherem Investitionsvolumen, die dazu bestimmt sind langfristig in der Praxis als ein Gebrauchsgut zu dienen.

riktionen. Infolge der Möglichkeit, in einem MVZ als angestellter Arzt beschäftigt zu sein, entfällt das private Niederlassungsrisiko für Mediziner. Derzeit sind in Deutschland 1023[9] MVZs registriert.(7)

Als weitere Neuerung wurden mit der Gesundheitsreform 2004 finanzielle Anreize für die bereits im Jahr 2000 eingeführte Integrierte Versorgung (IV)[10] geschaffen. Ziel dieses Modells ist es, durch die engere Kommunikation und Kooperation sektorenübergreifender Versorgungsformen (ambulante, stationäre und rehabilitative Versorgung) eine Verbesserung der ganzheitlichen medizinischen Versorgung für den Patienten zu gewährleisten. Seit dem Jahr 2004 stellt die Bundesregierung eine Anschubfinanzierung i.H.v. jährlich bis zu 1% der Honorarsummen für Vertragsärzte und Krankenhäuser zur Verfügung. Diese garantierte staatliche Finanzierung ermöglicht es Krankenkassen, Einzelverträge mit Leistungserbringern der IV abzuschließen, ohne dabei die Kassenärztliche Vereinigung (KV) zu beteiligen (8).

Im weiteren Verlauf der jüngsten Reformen trat das Gesetz zur Verbesserung der Wirtschaftlichkeit in der Arzneimittelversorgung (AVWG) Anfang Mai 2005 in Kraft. Ziel des Gesetzes ist eine Senkung der Arzneimittelausgaben sowie das Aufrechterhalten eines solidarischen Gesundheitssystems. Demzufolge ist es nicht angemessen, dass „überhöhte Preise zu Lasten der Versicherten“ durch das System getragen werden. Die Preispolitik der Arzneimittelhersteller galt bereits seit längerer Zeit als umstritten. Darüber hinaus war man gewillt, dem verordnenden Arzt (in seiner Schlüsselstellung) die Verantwortung der „wirtschaftlichen Verordnung“ zu übertragen. Folglich wirkt das Gesetz auf die Gestaltung der Arzneimittelpreise[11] ein und nimmt gleichzeitig Einfluss auf die „ökonomische Verantwortung“[12] des

---

[9] Stand 31.03.2008 der Kassenärztlichen Bundevereinigung.

[10] Gemäß § 140a ff. SGB V

[11] Senkung der Festbeträge, Preisstopp auf die Herstellerabgabepreise, Verbot von Naturalrabatt, Kontrolle von Softwaresysteme in der ärztlichen Praxis (Zertifizierung erforderlich).

[12] Bonus-Malus Regel

Arztes bei der Arzneimittelverordnung mit dem Ziel, eine „wirtschaftliche Verordnungsweise" der Vertragsärzte sicher zu stellen (9). Als eines der wesentlichen Instrumente zur Einflussnahme auf die Arzneimittelpreise gelten die Rabattverträge. Die Möglichkeit, Rabattverträge zwischen Krankenkassen und der pharmazeutischen Industrie abzuschließen war und ist eine der am meisten diskutierten Neuerungen der Gesundheitsreform und Aushängeschild der Wettbewerbsfokussierung im deutschen Gesundheitswesen. Kern dieser gesetzlichen Regelung ist, dass die Abgabe von Arzneimitteln auf Basis der zwischen Krankenkassen und Arzneimittelherstellern abgeschlossenen Verträge erfolgt. Als Voraussetzung dieser vertragsbasierten Abgabe von Präparaten sind Ärzte angehalten, Ihre Verordnungen primär an dem erforderlichen Wirkstoff auszurichten.[13] Diese Vertragsmöglichkeit ändert das Verhältnis zwischen den niedergelassenen Ärzten und der Industrie. Vor der Reform waren die Ärzte primär für die Auswahl der Verordnung verantwortlich. Auch wenn sich diese Verantwortung nicht gemindert hat, haben die Krankenkassen nunmehr einen erheblichen Einfluss auf das Verordnungsverhalten der Ärzte (10). Infolge der Einführung von Rabattverträgen resultieren zunehmende Konzentrationstendenzen auf Seiten der pharmazeutischen Industrie. Diese Entwicklung ist darauf zurückzuführen, dass nur eine begrenzte Anzahl von Unternehmen den Zuschlag einer Krankenkasse erhalten kann, um einen Rabattvertrag zu schließen. Für die ausgeschlossenen Unternehmen kann dies mit einem erheblichen Marktanteilsverlust einhergehen. So konnte der israelische Arzneimittelhersteller Teva durch einen im Jahr 2006 geschlossenen Rabattvertrag mit der Allgemeinen Ortskrankenkasse (AOK) den Absatz seines Präparates Bisoprolol von 500 auf 60.000 Packungen per anno erhöhen (11).

Ein weiterer Schritt, der den Einzug unternehmerischer Prozesse in die Verwaltung der gesetzlichen Krankenkassen dokumentiert, sind die im Ap-

[13] Diese Bevorzugung wird jedoch nur dann realisiert, sofern der Arzt aus Therapiegründen keinen anderen Hersteller/Präparat als notwendig erachtet.

ril 2007 in Kraft getretenen Reformen. Das GKV-Wettbewerbsstärkungsgesetz (GKV-WSG) ermöglichte es den gesetzlichen Krankenkassen, Hausarztverträge abzuschließen (12). Gemäß §73b SGB V „Hausarztzentrierte Versorgung" soll diese Regelung sicherstellen, dass ein Patient sich immer[14] an einen bestimmten, von ihm gewählten Hausarzt wendet, der ihn dann ggf. an einen Facharzt weiterleitet. (13) Diese Neuerung soll auf Patientenseite die Versorgungskosten im Gesundheitswesen durch Bindung an einen Hausarzt verringern.[15] Darüber hinaus erhöht die Reform auch das Kostenbewusstsein der betroffenen Leistungserbringer, da die Teilnahme an solchen Versorgungsverträgen an besondere Qualitäts- und Dokumentationsstandards gebunden ist. Oftmals ist auch die Arzneimitteltherapie Vertragsbestandteil. Es folgt, dass Ärzte dazu verpflichtet sind, wirtschaftlich zu verordnen und aktiv Rabattverträge der Kassen zu unterstützen[16] (14). Den Krankenkassen wird es nunmehr ermöglicht, Versorgungsaufträge öffentlich auszuschreiben und nach den Regeln des Wettbewerbes das wirtschaftlichste und effizienteste Angebot anzunehmen. Beispielsweise hat die AOK in Baden-Württemberg die hausärztliche Versorgung von ca. vier Millionen Versicherten ausgeschrieben und per Anfang Mai 2008 einen Versorgungsvertrag ohne die KV geschlossen. Eine Maßnahme, die den zunehmenden Wettbewerb zwischen Leistungserbringern im Gesundheitswesen dokumentiert (15).

Während im Bereich der MVZs bereits im Jahr 2004 eine fachübergreifende Konzentration im Gesundheitswesen einsetzte, war es niedergelassen Ärzten bis zum Jahr 2007 nicht möglich, Kollegen gleicher Fachrichtungen anzustellen.[17] Erst das Vertragsarztänderungsgesetz (VÄndG) schuf neue

---

[14] Von dieser Regelung sind jedoch Vorsorgeuntersuchungen und Besuche bei Gynäkologen, Zahnärzten und Augenärzten ausgenommen.

[15] Diese Regelung versucht insbesondere das sog. „Arzthopping" zu verhindern.

[16] Beispielsweise wurde im Februar 2008 ein Hausarztvertrag der KVen Berlin mit der Vertragsarbeitsgemeinschaft (VAG) Ost der Betriebskrankenkassen abgeschlossen.

[17] Ausnahme war, dass ein Praxisinhaber einen ganztagsbeschäftigten Kollegen der gleichen Fachrichtung oder alternativ zwei halbtags beschäftigte Kollegen anstellen

Rahmenbedingungen für niedergelassene Ärzte. Ziel ist es, regionale Engpässe in der ambulanten Versorgungsstruktur zu minimieren und den Beruf des Arztes flexibler zu gestalten (16). Nach in Kraft treten des Gesetzes dürfen nunmehr Ärzte unter der Prämisse, dass die Versorgung vor Ort durch die Öffnung verbessert wird, Zweigpraxen eröffnen[18]. Weiterhin können niedergelassene Ärzte mit anderen Heilberufen sog. Berufsausübungsgemeinschaften gründen und diese auch überregional organisieren. Dadurch ist die rechtliche Basis für kleinere ärztliche Praxisketten geschaffen worden (17).

Auch im Bereich der Arzneimittelversorgung sind Konzentrationsansätze festzustellen. So versuchen zahlreiche Kooperationsformen, sich im Apothekenmarkt zu etablieren. DocMorris, eine der bekanntesten Marken am Markt, versucht durch seine „Markenpartnerschaft" unabhängige Apothekenbesitzer in sein System zu integrieren (18). Die Übernahme von DocMorris durch die deutsche Celesio AG[19] im April 2007 verdeutlicht, dass die vertikale Integration ebenfalls Einzug in die Arzneimittelversorgung hält. Auch die System-Vertriebs-Gesellschaft für Apotheken „Avie" verfolgt den Ansatz unabhängige Apotheker und einem Dach zu vereinen. Durch das von ihnen vorgestellte System setzt Avie sich zum Ziel, messbare Kostenreduktion und kalkulierbare Ertragssteigerung für die teilnehmenden Apotheker zu realisieren (19). Die Tatsache, dass der einzige Gesellschafter der Avie GmbH der führende Arzneimittel-Importeur Deutschlands - die KOHL MEDICAL AG - ist, unterstreicht erneut den Trend zur vertikalen Integration (20).

---

konnte. Das vom Praxisinhaber zuvor abgerechnete Volumen der ärztlichen Leistung, durfte aber nicht wesentlich überschritten werden.

[18] Unabhängig von den Bezirksgrenzen der Kassenärztlichen Vereinigung.

[19] Die Celesio AG ist Europas führendes Handels- und Dienstleistungsunternehmen für Arzneimittel, welches sich in drei Geschäftsbereiche gliedert: Services, Großhandel und Apotheken. In Deutschland ist die in Stuttgart ansässige Celesio AG insbesondere durch den Geschäftsbereich Großhandel unter der Firmierung „Gehe" bekannt.

Im Bereich der stationären Versorgung herrscht seit mehreren Jahren ein erheblicher Konzentrationsdruck. Der Anteil der privaten Trägerschaften im stationären Sektor nimmt stetig zu. Die meisten privaten Krankenhausbetreiber sind an der Börse notierte Konzerne (z.B. Rhön Klinikum AG, Fresenius SE, Marseille Kliniken AG) oder private Unternehmen in der Rechtsform einer GmbH (Asklepios Kliniken GmbH). Nicht nur auf horizontaler Ebene versuchen die Betreiber von Klinikketten durch Akquisitionen den Konzentrationsprozess voranzutreiben, sondern auch auf vertikaler Ebene. Durch die Integration ambulanter Leistungen[20] bei den Betreibern der stationären Versorgung wird deren Einflussbereich im Gesundheitswesen erheblich verstärkt.(21) Gemäß der Krankenhaus-Statistik 2006 des Statistischen Bundesamtes betrug der Anteil der privaten Trägerschaften im Jahr 2006 mit 584 Krankenhäusern 27,75% des gesamten Krankenhausmarktes (22). Das durch die Bundesregierung im Jahr 2003 eingeführte Fallpauschalengesetz bedingt eine rein leistungsorientierte Vergütung im Krankenhausbereich und setzt dadurch den Fokus auf Effizienz in der stationären Versorgung (23). Nicht zuletzt dadurch haben die privaten Marktteilnehmer ein besonderes Interesse daran, ihre Marktanteile zu maximieren, um „Ecomomies of scale“[21] zu realisieren. Im Bereich der Hilfsmittelversorgung sind solche Konzentrationsansätze bereits bekannt. Optiker und auch Hörgeräteanbieter treten beispielsweise seit mehreren Jahren in Franchisesystemen (z.B. Apollo-Optik) oder als Filialsystem (Optiker Bode, Fielmann und KIND) auf.

Isoliert betrachtet, ist die Wirkungsweise einzelner Reformen nicht annähernd so durchgreifend wie das Zusammenspiel aller Reformen. Die Kombination aus dem VÄndG, dem GKV-WSG, dem GMG und dem AVWG

---

[20] Die Rhön-Klinikum AG ist ebenfalls in Besitz von 17 MVZ.

[21] Eine Theorie aus der klassischen Volkswirtschaftslehre. Es gilt das Gesetz der steigenden Skalenerträge. Dabei wird angenommen, dass die durchschnittlichen Produktionskosten bei steigenden Produktionseinheiten sinken und dadurch der Ertrag pro Stück optimiert wird. Jedoch wirkt diese Gesetzmäßigkeit nicht unendlich. Vielmehr gibt es individuelle Kapazitätsgrenzen bis ein Minimum erreicht ist.

führen dazu, dass sich die Gewichtungen einzelner Marktteilnehmer verschieben. Die übergreifende Konzentration bestimmter Akteure im Gesundheitswesen ist darauf zurückzuführen, dass die Reformen nicht punktuell einen Versorgungssektor mit Kostensenkungsmaßnahmen belegt haben, sondern eine Neuorientierung im gesamten Versorgungssystem vorgenommen wurde. Die Forderung nach Wirtschaftlichkeit hat Mechanismen und Instrumente der freien Marktwirtschaft aktiviert. Ein wesentlicher Bestandteil ist die horizontale und/oder vertikale Integration der Leistungskette. Integrierte Versorgung, Medizinische Versorgungszentren sowie Ärztenetze gelten als Beispiele für bereits realisierte Maßnahmen, während die Senkung der Festbeträge und Rabattverträge Beispiele für Instrumente zur Kostensenkung sind. Die Veränderungen in einzelnen Versorgungssektoren verdeutlicht, dass die aus der freien Wirtschaft bekannten Maßnahmen bereits Einzug in unser Gesundheitswesen halten. Die Beteiligten des Gesundheitswesens befinden sich in einem neuen Umfeld: dem des Wettbewerbes. Sie müssen nunmehr die Qualität ihrer Dienstleistung (der Versorgung von Patienten) unter Kostengesichtspunkten permanent auf einem marktfähigen Niveau halten. Verschärfend kommt hinzu, dass sich die Stakeholder nur auf der Seite der Leistungserbringung der Mechanismen und Instrumente der Marktwirtschaft bedienen können. Diese Strukturveränderung führt dazu, dass die Tätigkeiten im Gesundheitswesen zu bewertbaren Dienstleistungen werden (24). Oberste Prämisse ist die qualitativ hochwertige Durchführung der Dienstleistungen. Jedoch sind der Erfüllung dieser Forderung durch die gegebenen Finanzierungsmöglichkeiten des Systems enge Grenzen gesetzt. Aus diesen Rahmenbedingungen resultiert das Risiko, dass sich der gesetzliche Leistungsumfang minimiert oder die Versorgungsverantwortung, wie im Bereich des stationären Sektors bereits geschehen, an private Trägerschaften ausgegliedert wird.

5.2. Veränderungen in der zahnärztlichen Versorgungsstruktur

Die zahnärztliche Versorgung ist sowohl hinsichtlich ihrer Umsatzzahlen, als auch in Bezug auf das Beschäftigungsvolumen ein nicht unbedeutender Wirtschaftfaktor in Deutschland. Im Jahr 2006 waren 227.000 Arbeitnehmer in zahnärztlichen Praxen angestellt. Weitere 100.000 Arbeitsplätze standen im gleichen Jahr im direkten Zusammenhang mit der zahnärztlichen Tätigkeit.[22] Der Gesamtumsatz aller Zahnarztpraxen in Deutschland betrug im Jahr 2006 gemäß dem statistischen Jahrbuch der Kassenzahnärztliche Bundesvereinigung (KZV) etwa 19 Milliarden Euro. Dieses Volumen erwirtschafteten 46.178 vertragszahnärztliche Praxen, von denen 81,1% in Form einer Einzelpraxis und 18,9% als Gemeinschaftspraxis geführt wurden. Die Gesamtzahl der Vertragszahnärzte in der zahnärztlichen Versorgung belief sich im gleichen Zeitraum auf 55.634. Seit 1992[23] ist in Deutschland ein stetiger, leichter Zuwachs an Vertragszahnärzten zu beobachten.[24] Der Betrachtungszeitraum von zehn Jahren (1996-2006) zeigt ein durchschnittliches Wachstum von 0,9%. Infolge des leichten Zuwachses praktizierender Zahnärzte hat auch die Zahnarztdichte in Deutschland zugenommen. Im Jahr 2006 lag das bundesweite Verhältnis von Einwohnern zu Zahnärzten bei 1.257:1. Dieser Trend wird ebenfalls für die Jahre 2010 bis 2020 prognostiziert. So erwartet die KZV in 2010 eine Zahnarztdichte von 1:1.190 Einwohnern, während für das Jahr 2020 eine Dichte von 1:1.171 als realistisch gilt.[25] Der Zuwachs in den vergangenen Jahren

---

[22] Z. B. Dentallabors und die Dentalindustrie

[23] Quartal IV 1992 bis einschließlich Quartal II 2007

[24] Ausnahme ist das Quartal IV in 1998 und das Quartal I in 1999, was jedoch darauf zurückzuführen ist, dass zum 01.01.1999 eine Altersbegrenzung von 68 Jahren für praktizierende Zahnärzte eingeführt worden ist. Dies hatte zur Folge, dass die Anzahl der Vertragszahnärzte Ende 1998 und Anfang 1999 rückläufig war. Zwischen Quartal II und III des Jahres 1999 hat sich dann die Anzahl der Vertragszahnärzte auf dem Niveau vor Einführung der Altersbegrenzung nivelliert.

[25] Die Prognose ist abhängig von der tatsächlichen Approbationszahl der zahnmedizinischen Studenten.

ist im Wesentlichen darauf zurückzuführen, dass jedes Jahr mehr Zahnärzte an Hochschulen ausgebildet werden als im gleichen Zeitraum aus der beruflichen Tätigkeit ausscheiden. (25) Im europäischen Vergleich[26], in dem eine durchschnittliche Zahnarztdichte von 1:1.666[27] Einwohner zu verzeichnen ist, wird die hohe deutsche Versorgungsdichte deutlich.(26) Aufgrund der demographischen Entwicklung in Deutschland wandelt sich das Anforderungsprofil der zahnärztlichen Versorgung. Die Veränderung der deutschen Altersstruktur geht aus der 11. koordinierten Bevölkerungsvorausberechnung des Statistischen Bundesamtes hervor. Im Wesentlichen bedingen drei Faktoren die Verschiebung der Altersstruktur:

1. Die Erhöhung der Lebenserwartung,
2. der Rückgang der Geburtenrate und
3. das zukünftige Nachrücken der starken Geburtenjahrgänge[28] in das Rentenalter.

Mit der demographischen Entwicklung in Deutschland gehen auch Veränderungen des Aufgabenprofils eines Zahnarztes einher, da sich Bedürfnisse von Patienten in Abhängigkeit von ihrem Alter erheblich unterscheiden. So gewinnt insbesondere die Alterszahnheilkunde an Bedeutung. Eine in 2005 durchgeführte Großstudie zur Mundgesundheit in Deutschland macht die unterschiedlichen Anforderungsprofile deutlich. Das Krankheitsbild Parodontitis[29] beispielsweise ist unter Senioren am weitesten verbreitet. Die repräsentative Studie ergab, dass 48% dieser Bevölkerungsgruppe von einer

---

[26] Verglichen wurden 25 europäische Staaten inklusive der 2004/2007 beigetretenden und 2008 beizutretenden EU-Mitgliedsstaaten, sofern die Daten in den jeweiligen Ländern zur Verfügung standen.

[27] Stand 2003

[28] Insbesondere zwischen den Jahren 1960 - 1970

[29] Unter Parodontitis ist eine Entzündung des Zahnhalsapparates zu verstehen. In den meisten Fällen ist diese bakteriell bedingt und irreversibel. Das Krankheitsbild hat als Endpunkt den Zahnverlust durch die Schädigung des Zahnhalteapparates.

mittelschweren und 39,8% von einer schweren Parodontitis betroffen sind. Im Vergleich dazu haben lediglich 12,6% der Jugendlichen eine mittelschwere und 0,8% der Jugendlichen eine schwere Parodontitis. Das Risiko der Erkrankung steigt somit mit der Lebenserwartung. (27) / (28)
Während die Ausgaben der gesetzlichen Krankenkassen infolge der zunehmenden Morbidität im Alter steigen, ist diese Aussage nicht auf die zahnärztliche Versorgung übertragbar. Hier liegen die Ausgaben je Versicherten in den höheren Altersklassen auf einem deutlich niedrigeren Niveau als bei jüngeren Versicherten.[30] Unter anderem könnte das auf die gesetzlich unterstützte Förderung zahnärztlicher Prophylaxemaßnahmen in Deutschland zurückzuführen sein. (25)
Die gesamten Ausgaben der GKV für zahnärztliche Behandlungen in 2006 betrugen 10,4 Milliarden Euro und entsprechen somit einen Anteil 7,5% aller Leistungsausgaben der GKV. Die Kosten im Bereich der zahnärztlichen Versorgung lassen sich im Wesentlichen in vier Bereich unterteilen:

1. Zahnersatzleistungen
2. konservierend-chirurgische Behandlungen
3. Parodontalbehandlungen
4. Kieferorthopädie

Der mit Abstand größte Teil der Kosten entfällt mit 55% auf konservierend-chirurgische Behandlungen, gefolgt vom Bereich des Zahnersatzes. Eine rückblickende Betrachtung der Ausgaben für zahnärztliche Versorgung zeigt, dass diese wesentlich moderater gestiegen sind als übrige Ausgaben der gesamten gesetzlichen Leistungen.[31] Allerdings ist zu berücksich-

---

[30] Diese Tatsache führt jedoch nicht zwangsläufig dazu, dass die Ausgaben insgesamt geringer ausfallen, da es sich auch um eine Verschiebung der Ausgabenprofile handeln kann.

[31] Gemäß dem KZBV Jahrbuch 2007 war die jahresdurchschnittlichen Ausgaben der Mitglieder in den alten Bundesländern von 1976 bis 2006 um 1,2% gewachsen, währen die übrigen Leistungen um 3,6% mehr in Anspruch genommen wurden. So

tigen, dass durch die Veränderung des gesetzlichen Leistungskataloges ein gewisser Leistungsumfang (z.B. Sehhilfen) nicht mehr in der gesetzlichen Versorgung enthalten ist und ein Teil der Ausgaben von den Patienten privat getragen werden muss. (25)

Als wesentliche Ausgabenkomponenten in der zahnärztlichen Versorgung gelten die Material- und Laboratoriumskosten sowie die zahnärztlichen Honorare. Die Bemessung der zahnärztlichen Honorare erfolgt in Abhängigkeit von der Entwicklung der Punktwerte und der Leistungsausbringungsmenge eines Vertragsarztes.[32] In einem stark vereinfachten Schema erhält der Zahnarzt für eine durchgeführte Behandlung einen Punktwert, den er/sie bei der KZV einreicht. Dieser Punktwert wird nach dem einheitlichen Bewertungsmaßstab für zahnärztliche Leistung (BEMA)[33] bewertet. Die KZV ermittelt aus dem Verhältnis von Gesamtvergütung und abgerechneten Leistungen der Ärzte den Wert eines Punktes in Euro. Die Summe aller Punktwerte ergibt dann sein Honorar, welches der Zahnarzt von der KZV quartalsweise erhält. Das Honorar stellt somit die Einnahmeseite einer Zahnarztpraxis dar. Im Jahr 2006 betrugen die Gesamteinahmen[34] einer durchschnittlichen Zahnarztpraxis 409.709 Euro. Dem gegenüber standen durchschnittliche Betriebsausgaben i.H.v. 284.202 Euro. Gemäß der steuerlichen Einnahmen-Überschussrechnung konnte eine durchschnittliche Praxis in Deutschland folglich einen Einnahmen-Überschuss von 125.507 Euro vor Steuern generieren.[35] (25) Die Zusammensetzung der Kostenarten verdeutlicht Abbildung 1.

---

betrug der Anteil der zahnärztlichen Leistungen in 1976 noch 15,1% der Gesamtausgaben.

[32] Ausgenommen ist jedoch der Bereich des Zahnersatzes.

[33] Gemäß §87 II und II d SGB V

[34] Dieses beinhaltet sowohl die Honorare durch die KZV, als auch durch Privatpatienten.

[35] Bei den Daten handelt es sich um die Durchschnittsangaben pro Praxis. Die Streuung ist jedoch erheblich. So haben 3,2% der Praxisinhaber über 250.000 Euro steuerlichen Einnahme-Überschuss, aber auch 7,7% der Praxisinhaber unter 25.000 Euro.

Abbildung 1: Durchschnittliche Aufteilung der Betriebsausgaben einer Zahnarztpraxis in 2006

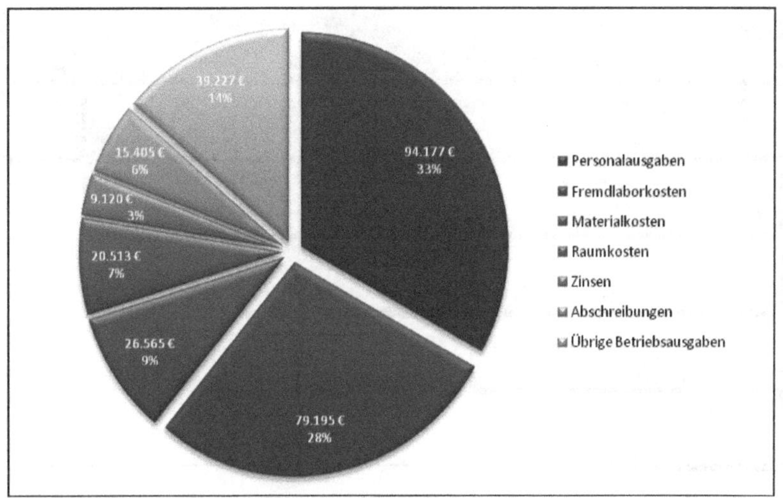

Quelle: Jahrbuch 2007 Statistische Basisdaten zur vertragszahnärztlichen Versorgung, S. 109

Bei der späteren Beurteilung von Möglichkeiten und Grenzen dentaler Franchisesysteme ist es neben Rentabilitätsaspekten ebenfalls erforderlich, die allgemeinen Finanzierungsaufwendungen zur Errichtung einer Zahnarztpraxis zu betrachten. Die nachfolgenden Ausarbeitungen basieren auf einem vom Informationsdienst des Institutes der deutschen Zahnärzte (IDZ) herausgegebenen Bericht zu den „Investitionen bei der zahnärztlichen Existenzgründung 2006“. Die im Rahmen der genannten Untersuchung erhobenen Daten wurden, wie in Abbildung 2 dargestellt, nach verschiedenen Aspekten differenziert. (29)

Abbildung 2: Differenzierungsebenen der zahnärztlichen Existenzgründung

Quelle: In Anlehnung an IDZ-Information 3/2007[36]

52% der zahnärztlichen Existenzgründungen in den alten Bundesländern[37] entfielen im Jahr 2006 auf Einzelpraxisübernahmen, wohingegen dieser Wert für die neuen Bundesländer mit 81% deutlich höher lag. Im gesamten Bundesgebiet ist die Tendenz zur Gründung von Gemeinschaftspraxen steigend, wohingegen die Existenzgründung in Form einer Einzelpraxis-Neugründung seltener vorkommt. In diesem Zusammenhang ist zu erwähnen, dass in den alten Bundesländern die Neugründung einer Einzelpraxis (19%) regelmäßiger erfolgt als in den neuen Bundesländern (9%).

In Bezug auf das Investitionsvolumen ergeben sich ebenfalls deutliche Unterschiede zwischen alten und neuen Bundesländern. Während die durchschnittliche Investitionssumme bei einer Neugründung in den alten Bundesländern im Jahr 2006 bei 316.000 Euro lag, betrug die durchschnittliche

[36] Da sich das Schaubild auf das Jahr 2006 bezieht und somit vor Einführung des Vertragsarztänderungsgesetz wird in diesem Falle noch die Begrifflichkeit „Gemeinschaftspraxis" verwendet, obgleich dieser Begriff per 1. Januar 2007 durch die „Berufsausübungsgemeinschaft" ersetzt wurde.

[37] Inklusive Berlin

Investitionssumme in den neuen Bundesländern 246.000 Euro. Das durchschnittliche Alter zum Zeitpunkt der Niederlassung betrug in den neuen Bundesländern knapp 36 Jahre und 34,5 Jahre in den alten Bundesländern. Eine Zeitraumbetrachtung (1995-2005) verdeutlicht, dass der Anteil junger Zahnärzte schrittweise gesunken ist. Fast ein Drittel der westdeutschen Zahnärzte waren 1995 unter 31 Jahre, mittlerweile liegt der Anteil nur noch bei 16%. In Ostdeutschland wird der Vergleich noch deutlicher: Zwei von drei Zahnärzten waren 1995 zum Zeitpunkt ihrer Existenzgründung unter 31 Jahre alt. Zehn Jahre später war nur jeder fünfte Existenzgründer dieser Altersgruppe zuzuordnen. Im Vergleich tendieren insbesondere die jüngeren Existenzgründer zum Anschluss an eine Gemeinschaftspraxis. Mehr als ein Drittel der unter 31-jährigen entschieden sich in den alten Bundesländern für eine Gemeinschaftspraxis. Bei ostdeutschen Existenzgründungen wurden 54% von Frauen durchgeführt. In Westdeutschland haben sich 42% der Frauen für eine Existenzgründung entschieden. Für die kommenden Jahre wird jedoch auch in den alten Bundesländern eine Angleichung des Anteils männlicher und weiblicher Existenzgründer erwartet. In den neuen Bundesländern ist der Anteil der Existenzgründerinnen seit dem Jahr 2000 bereits um elf Prozentpunkte gestiegen. (25)

Das Investitionsvolumen zur Gründung einer Zahnarztpraxis variiert in Abhängigkeit von der Art der Existenzgründung. Grundsätzlich kann davon ausgegangen werden, dass die Praxisübernahme eine geringere Investition erfordert als die Neugründung einer Praxis. Tabelle 1 veranschaulicht die einzelnen Kostenpositionen in Abhängigkeit von der Art der Existenzgründung. (29)

Tabelle 1: Vergleich des Finanzierungsvolumens einer Praxisneugründung mit einer Praxisübernahme[38]

Westdeutschland 2006	Neugründung	Übernahme
Substanzwert[39]	entfällt	47.000 Euro
Neuanschaffung	entfällt	54.000 Euro
Goodwill[40]	entfällt	76.000 Euro
med.-techn. Geräte und Einrichtungen	205.000 Euro	entfällt
Bau- und Umbaukosten	36.000 Euro	14.000 Euro
Betriebsmittelkredit[41]	75.000 Euro	55.000 Euro
Gesamtes Finanzierungsvolumen	**316.000 Euro**	**246.000 Euro**

Quelle: In Anlehnung an IDZ-Information 3/2007[42]

Bei Betrachtung der Kostenstruktur im Falle einer Neugründung wird deutlich, dass medizinische und technische Geräte mit knapp 65% der Gesamtkosten einen erheblichen Kostenfaktor darstellen. Bei Gründung durch Übernahme fällt neben dem Substanzwert der Praxis sowie den Ausgaben für Neuanschaffungen insbesondere der Goodwill ins Gewicht.

---

38 Bei den angegebenen Daten handelt es sich um Mittelwerte.

39 Unter dem Substanzwert bezeichnet man den materiellen Wert einer Praxis. Es ist die Summe aller erworbenen Einzelgeräte und Ausstattung. Bei einer Praxisneugründung entfällt somit diese Kostenposition, da Geräte und Einrichtungen neu erworben werden.

40 Der Goodwill ist der ideelle Wert, der beim Erwerb der Praxis die Differenz zwischen dem Kaufpreis und dem Substanzwert darstellt. Der Betrag des Goodwills unterliegt dem Verhandlungsspielraum beider Vertragspartner. Zur Bemessung des Goodwills werden oft das Patientennetzwerk, das Image der Praxis und die Praxisorganisation herangezogen.

41 Der Betriebsmittelkredit, auch Kontokorrentkredit genannt, dient zur Überbrückung der Anlaufphase einer Praxis. Die Notwendigkeit resultiert daraus, dass zu Beginn einer Praxisübernahme und auch Praxisneugründung die Ausgaben deutlich den Einnahmen gegenüberstehen.

42 Ein zusätzlicher Vergleich zwischen neuen und alten Bundesländern war aufgrund mangelnder Datenlage nicht möglich. Grund hierfür waren die geringfügigen Praxisneugründungen in Ostdeutschland, so dass die IDZ an dieser Stelle darauf verzichtet hat die Daten einem Mittelwert zu unterzeihen.

Die Summe dieser Positionen ist in etwa vergleichbar mit den bereits erwähnten Investitionen in medizinische und technische Geräte im Falle einer Neugründung. Im Vergleich mit anderen ambulanten Praxen (Augenarztpraxis 211.000 Euro, chirurgische Praxis 203.000 Euro, internistische Praxis 197.000 Euro) ist das Investitionsvolumen bei Zahnarztpraxen grundsätzlich wesentlich höher (25).[43]

Unabhängig vom Praxisformat wird deutlich, dass die Entscheidung als niedergelassener Zahnarzt tätig zu sein, mit einem nicht unerheblichen finanziellen Risiko einhergeht. Darüber hinaus ist festzuhalten, dass Existenzgründungen tendenziell in einem höheren Lebensalter durchgeführt werden. Insbesondere bei jüngeren Zahnärzten ist die Bereitschaft, sich einer Gemeinschaftspraxis anzuschließen höher als die Bereitschaft zur Einzelpraxisgründung. An dieser Stelle ist ein Zusammenhang zu dem bereits erwähnten finanziellen Risiko der Praxisgründung anzunehmen. Die nach wie vor abweichenden Kennzahlen zwischen alten und neuen Bundesländern können auf unterschiedliche soziodemographische Strukturen zurückzuführen sein. Diese Differenzen zu nivellieren war unter anderem auch ein Ziel der politischen Maßnahmen vergangener Jahre, auf die nunmehr eingegangen werden soll.

Die durchgeführten Gesundheitsreformen hatten ebenfalls einen Einfluss im Bereich der zahnärztlichen Versorgung. Allerdings gab und gibt es für den Bereich der zahnärztlichen Versorgung weitestgehend eine historisch bedingte Sonderstellung.[44] Durch den zunehmenden Kostendruck im Bereich der gesetzlichen Krankenkassen stand bereits viel früher der zahn-

[43] Basis ist das Finanzierungsvolumen bei Neugründungen einer Einzelpraxis 2005/2006, Westdeutschland.

[44] Im 19. Jahrhundert war der Zahnarzt vom ärztlichen Berufstand isoliert. Er galt nicht als ein akademischer Beruf und musste zunächst aus der gewerblichen Tätigkeit (bedingt durch sog. reisende „Zahnreißer“) die wissenschaftliche Anerkennung erhalten. Erst im Jahr 1906 wurde der Zahnarzt als öffentlich rechtlicher Berufsstand anerkannt und ein Promotionsrecht als Dr. med. dent. wurde erst 1919 vergeben.

ärztliche Leistungskatalog in der politischen Diskussion. Eine Maßnahme zur Kostendämpfung ist die Absenkung des Bewertungsmaßstabes zahnärztlicher Leistungen. Das Gesundheitsstrukturgesetz (GSG) von 1993 hatte bereits eine Absenkung der Vergütung für zahnärztliche Leistungen im Bereich des Zahnersatzes, der Zahnkronen und Kieferorthopädie vorgenommen. Drei Jahre später wurde im Zuge des GKV Gesundheitsreformgesetzes in 2000 die Budgetierung des zahnärztlichen Versorgungsvolumens vorgenommen.(30)

Das GMG etablierte im Jahr 2004 die Fortbildungspflicht für Vertragszahnärzte. Gemäß §95d SGB V ist nunmehr jeder Vertragszahnarzt angewiesen, der KZV in einer fünfjährigen Frequenz über ergriffene Fortbildungsmaßnahmen zu berichten. Legt ein Vertragszahnarzt einen unvollständigen oder keinen Fortbildungsnachweis vor, so hat dies eine Kürzung seiner Vergütung zur Folge.

Eine weitere Neuerung im Rahmen dieser Gesetzesnovelle war die Einführung des „Gemeinsamen Bundesausschusses" (G-BA). Seine Kernkompetenz, die Konkretisierung des gesetzlichen Leistungskataloges, wirkt ebenfalls unmittelbar auf die zahnärztliche Versorgung ein. Der G-BA legt fest, welche Zuschüsse für Zahnersatz gewährleistet werden und erstellt die Anforderungskriterien an praxisbezogene Qualitätssicherung sowie die Rahmenbedingungen des vertragszahnärztlichen Bereiches.(31)

Das bereits erwähnte Honorarsystem der Zahnärzte wurde 2005 auf Bundesebene harmonisiert und es wurde eine bundeseinheitliche Vergütung für Zahnärzte eingeführt. Zuvor waren Abweichungen der Honorare bei identischen zahnärztlichen Leistungen zwischen den Bereichen der KZV möglich. Ziel der Harmonisierung war es, diese zwischen den Bundesländern variierenden Punktewerte und die daraus resultierende Benachteiligung einiger Bundesländer zu vermeiden.

Auch der im Januar 2005 eingeführte befundorientierte Festzuschuss hat Auswirkungen auf das Tätigkeitsfeld des Zahnmediziners. Unter dem befundorientierten Festzuschuss ist ein Kostenzuschuss der gesetzlichen

Krankenkasse an den Leistungserbringer zu verstehen, der auf den Durchschnittskosten der Regelversorgung basiert. Als Regelversorgung gilt die anerkannte Standardtherapie, welche wiederum vom G-BA definiert wird. In Abhängigkeit des vom Zahnarzt festgestellten Befundes werden die Kosten einer Standardtherapie angesetzt und zu 50% von der gesetzlichen Krankenkasse getragen. Alle darüber hinausgehenden Kosten, die infolge der Behandlung entstehen, müssen die Patienten privat tragen. Folglich ist die Leistung der gesetzlichen Krankenkasse, unabhängig der vom Patienten gewählten Therapie, bei gleichem Befund immer identisch (32). Durch dieses Kostenerstattungsprinzip entsteht ein Bedarf, der die Finanzierung von Zahnersatz für den Patienten ermöglicht, da nicht alle Patienten in der wirtschaftlichen Lage sind, die Kosten der zahnärztlichen Versorgung im vorgesehenen Zahlungsziel zu begleichen.(33)

Wie bereits erwähnt, können durch die Einführung des VÄndG in 2007 ambulante Leistungserbringer kooperieren. Diese Änderung betrifft ebenfalls Vertragszahnärzte und ermöglicht nunmehr ein breites Gestaltungsfeld für überregionale zahnärztliche Kooperationen. Ebenfalls kann ein Vertragszahnarzt weitere Zahnärzte anstellen, sofern er/sie weiterhin die Praxisführung innehat.[45] Auch Zahnärzte können seit Einführung des VÄndG Zweigpraxen eröffnen und sich an regionalen und überregionalen Berufsausübungsgemeinschaften beteiligen. Ein weiterer Bestandteil zur flexibleren Gestaltung der zahnärztlichen Tätigkeit ist die Kombination ambulanter Tätigkeit mit stationären Tätigkeiten. Die zuvor geltende Altersgrenze bei der Erstzulassung von 55 Jahren wurde aufgehoben. Weiterhin wurde die Altersgrenze für die Beendigung der vertragszahnärztlichen Tätigkeit von 68 Jahren nur für die unterversorgten Gebiete aufrechterhalten.(34)

[45] Ebenfalls ist es notwendig, die Anstellung bei der KZV zu beantragen und eine Genehmigung durch den Zulassungsausschuss zu erwirken.

Mit dem GKV-WSG im April 2007 wurden den Versicherungsnehmern der GKV Wahltarife[46] ermöglicht. Insbesondere für die zahnärztliche Versorgung wurden diese Möglichkeiten vergleichsweise häufig in Anspruch genommen. Damit die Krankenkassen entsprechende Vertragsprodukte für ihre Versicherungsnehmer gestalten können, wurde es den Krankenkassen gestattet, Verträge mit den entsprechenden Leistungserbringern abzuschließen. Die Gestaltungsmöglichkeiten der Verträge erstrecken sich auf verschiedenen Ebenen, d.h. es können Verträge mit einzelnen Vertragszahnärzten, mit Zahnarztgruppen, medizinischen Versorgungszentren oder KZVen abgeschlossen werden. Eine Erweiterung der Niederlassungsfreiheit wurde in 2007 durch die Abschaffung der sog. Bedarfszulassung umgesetzt. Zuvor wurde die Niederlassung als Vertragszahnarzt nur dann genehmigt, sofern es einen Versorgungsbedarf in dem entsprechenden KZV Bezirk gab.(35)

[46] Z.B. Selbstbehalt, Tarife mit Beitragsrückerstattung usw.

6. Franchising – Grundidee und Entwicklung

Um Möglichkeiten und Grenzen von Franchisesystemen im deutschen Gesundheitswesen beurteilen zu können, ist es zunächst erforderlich, das Franchisingkonzept von der theoretischen Seite zu beleuchten und die Details dieser Vertriebsform aufzuzeigen. Auf Basis eines präzisen Verständnisses und Bewertungen der Erscheinungsformen von Franchisesystemen ist nachfolgend eine Beurteilung ihrer Eignung im Rahmen der Gesundheitsbranche möglich. Im folgenden Abschnitt wird deshalb zunächst ein kurzer historischer Abriss des Franchisegedankens skizziert. Anschließend werden die modernen Interpretationen von Franchisesystemen dargestellt. Eine Erklärung der verschiedenen Typologien von Franchiseformen führt abschließend zur Erläuterung des für diese Arbeit relevanten Dienstleistungsfranchisings. Im Anschluss daran werden die Kriterien zur Beurteilung und Bewertung von Franchisesystemen vorgestellt.

6.1. Ursprung des Franchisegedankens

Die Begriffe „Franchise“ (als Bezeichnung einer Unternehmensform) und „Franchising“ (als Bezeichnung der unternehmerischen Tätigkeit im Rahmen dieses Systems) entstammen zwar dem angloamerikanischen Wirtschaftsvokabular, haben ihren Ursprung aber im mittelalterlichen Frankreich. Dort bezeichnete der Begriff „Franchise“ die Vergabe von Rechten und Privilegien an Dritte, die gegen Leistung eines Entgelts im Interesse des Staates Güter produzieren oder Handel betreiben durften (1). Die „chartes de franchise“ konnte sich neben der land- und forstwirtschaftliche Nutzung von Ländereien auch auf das Abhalten von Messen und Märkten sowie auf das Eintreiben von Steuern beziehen (36) / (37) / (38). Ab dem 16. Jahrhundert wurde der Begriff „franchise“ in Europa häufiger verwendet, wenn unter Privatpersonen die entgeltliche Nutzung bestimmter Rechte, insbesondere Patentrechte, vereinbart wurde(39).

Die ersten modernen Franchisesysteme haben ihren Ursprung im angloamerikanischen Wirtschaftsraum und entstanden im 19. Jahrhundert. Zunächst dominierte in den USA ein öffentlich-rechtliches Franchiseverständnis, womit in erster Linie die staatliche Konzessionierung von Monopolen bezeichnet wurde. Im 20. Jahrhundert rückte dann zunehmend das kommerzielle Franchising in den Vordergrund, bei dem es um die entgeltliche Nutzungsüberlassung von Rechten zwischen privaten Institutionen und Personen geht (39). Als erstes Beispiel kommerziellen Franchisings wird in der Literatur oftmals der Verkauf von Exklusivvertriebsrechten der „Singer Sewing Machine Company“ an Privatpersonen zitiert.(36) Verweis auf (40) / (41)

6.2. Aktuelle Begriffsdefinitionen

Ungeachtet der Dokumentation der Entstehung des Begriffs „Franchising“ sowie dessen Verwendung ab dem Mittelalter mangelt es an einer einheitlichen internationalen Definition (39) Verweis auf (42) / (43). Auch im deutschen Sprachraum ist das Begriffsverständnis bis heute uneinheitlich und durch eine Vielzahl sich teilweise überlagernder inhaltlicher Interpretationen gekennzeichnet (36). Hempelmann definiert Franchising als „Verbund eines kontraktgebenden Betriebs (Franchisegeber) mit rechtlich und im Grundsatz auch wirtschaftlich selbständig bleibenden Kontraktnehmern (Franchisenehmer) (44).“ Perlitz hingegen versteht unter Franchising „eine Kooperation zwischen rechtlich selbständigen Unternehmen [...], die durch einen Vertrag geregelt ist“ wobei der FG in diesem Zusammenhang den Zugang zu einem Systempaket gewährt, „das u.a. ein Beschaffungs-, Absatz- und Organisationskonzept enthält“.(2) Trotz eines vergleichbaren Grundverständnisses zeigen die in der Literatur verwendeten Definitionen verschiedene Abweichungen auf. Die erste Definition des Deutschen Franchise-Verbands basiert auf der Abgrenzung von Kaub (45). Demnach ist ein Franchisesystem ein „vertikal-kooperativ organisiertes Vertriebs-

und/oder Produktionssystem rechtlich selbständiger Unternehmen auf der Basis eines vertraglichen Dauerschuldverhältnisses. Das System tritt unter der Marke des Franchisegebers einheitlich am Markt auf, wobei es durch das arbeitsteilige Leistungsprogramm, durch ein Weisungs- und Kontrollsystem zur Sicherung eines systemkonformen Verhaltens und durch einen intensiven Know-how-Transfer zwischen den Systempartnern – insbesondere vom Franchisegeber zu den Franchisenehmern – geprägt wird."(39) Verweis auf (46) / (47) / (48). Bellone erweitert die Definition um eine Spezifizierung der Berechtigungen und Verpflichtungen des FN. Demnach ist der FN angehalten und berechtigt, „gegen ein direktes oder indirektes Entgelt im Rahmen und für die Dauer eines schriftlich [...] abgeschlossenen Franchise-Vertrags bei laufender technischer und betriebswirtschaftlicher Unterstützung durch den Franchise-Geber, den Systemnamen und/oder das Warenzeichen und/oder die Dienstleistungsmarke und/oder gewerbliche Schutz- oder Urheberrechte sowie das Know-how, die wirtschaftlichen und technischen Methoden und das Geschäftssystem des Franchise-Gebers zu nutzen."(49) Zusammenfassend und ergänzend können folgende konstitutive Merkmale von Franchisesystemen festgehalten werden (44) Verweis auf (38) / (43).

1. Langfristige und vertraglich basierte Zusammenarbeit zwischen FG und FN
2. Rechtliche Selbständigkeit der FN
3. Unternehmerische Selbständigkeit der FN im Rahmen der vertraglichen Regelungen
4. Einräumung von Nutzungsrechten bzw. die Bereitstellung eines Franchisepakets durch den FG
5. Weisungs- und Kontrollrechte des FGs
6. Der Einsatz von Kapital durch die FN sowie die Zahlung eines Entgelts für Systemeintrittsgebühren, umsatzabhängige Zahlungen sowie Werbegebühren

6.3. Typologien von Franchisesystemen

Aus Sicht des FG werden drei Typen unterschieden:

1. Das Produkt-/Warenfranchising
2. Das Vertriebsfranchising
3. Das Dienstleistungsfranchising

Je nach Art des Systems wird das Franchisekonzept einer der genannten Formen zugeordnet. Unabhängig von der Art des Franchisesystems dient die Leistungsintensität als weiteres Differenzierungsmerkmal. Die Abgrenzung erfolgt in der Literatur i.d.R. anhand der im Franchisesystem vereinbarten Leistungsinhalte, die auch als Leistungssubstanz bezeichnet wird. Gemäß der mit dem FG vereinbarten Leistungssubstanz differenziert man zwischen dem einer einfachen Lizenzüberlassung ähnlichen „Straight Product Franchising“ und dem sog. „Business Format Franchising“ (BFF). Beim BFF erstreckt sich das Leistungspaket des FGs nicht ausschließlich auf das Produkt, sondern auf die gesamte Marketingfunktion sowie auch auf das Systemmanagement, das besonders Aspekte der Organisation und der Führung beinhaltet.(39) / (36) / (50). Folglich werden ökonomische, rechtliche und administrative Koordinationsmechanismen beim „Business Format Franchising“ weitaus intensiver eingesetzt als beim „Straight Product Franchising“. Ziel ist eine höhere Standardisierung der Aktivitäten (36).

Durch die Vertriebsform kann man demnach auf den Standardisierungs- und Zentralisierungsgrad einer Unternehmung schließen und Franchisesysteme entsprechend einordnen (39) Verweis auf (38) / (42) / (43):

Abbildung 3: Abgrenzung des Franchising von anderen Vertriebsformen

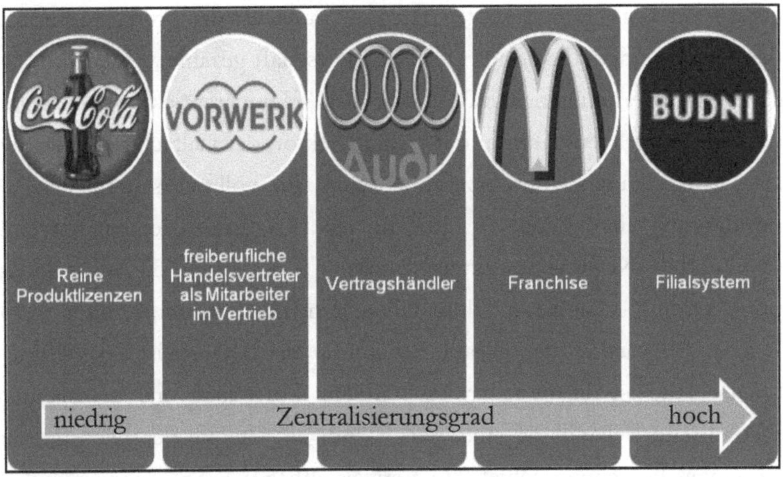

Quelle: In Anlehnung an Kubischek 1999, S. 30

Im Kern unterscheidet sich das Franchising von Vertriebskonzepten mit einem tendenziell geringeren Zentralisierungsgrad (Lizenzen, Handelsvertreter, Vertragshändler) durch die zentrale Stellung der Marke sowie den permanenten Transfer nicht-patentierbaren Know-hows. Die Abgrenzung von den stärker zentralisierten Filialsystemen findet primär anhand der Entlohnungsregelung (Arbeitnehmerverhältnis der Filialmitarbeiter zur Zentrale) sowie der Eigentums- und Kapitalstrukturen (Filialen sind im Besitz der Zentrale) statt.

6.4. Das Dienstleistungsfranchising

Da es sich bei der zahnärztlichen Tätigkeit ebenfalls um eine Dienstleistung, ist es notwendig diese spezifischen Typologie des Franchisings näher zu betrachten. Zunächst wird auf die Definition der Dienstleistung eingegangen. Danach werden die Merkmale des Dienstleistungsfranchisings hervorgehoben, um auf die besondere Herausforderung bei der Standardisierung von Dienstleistungen hinzuweisen.

Aus makro-ökonomischer Perspektive entwickelt sich in Volkswirtschaften gemäß der sog. „Drei-Sektoren-Theorie" zunächst der primäre Sektor, zu dem insbesondere die Land- und Forstwirtschaft gezählt werden. Im Zeitablauf kam der industriellen Produktion als sekundärer Sektor eine steigende Bedeutung. Heute nimmt der tertiäre Sektor, der vielfach vereinfachend als Dienstleistungssektor bezeichnet wird, im volkswirtschaftlichen Gesamtkontext eine dominante Stellung ein (51). Im Allgemeinen rechnet man mittels Negativabgrenzung sämtliche Leistungen, die nicht in den primären und sekundären Sektor fallen, dem Dienstleistungssektor zu (52) / (53). Ungeachtet der hohen Bedeutung des Dienstleistungssektors in Deutschland ist die betriebswirtschaftliche Forschung und managementtheoretische Behandlung einer eigenständigen Theorie der Dienstleistung ein junges Forschungsgebiet (36) Verweis auf (54) / (55). Eine einheitliche Dienstleistungsdefinition liegt weder auf nationaler noch auf internationaler Ebene vor. Der Versuch einer Abgrenzung bleibt unscharf (51). Fasst man die in der Literatur diskutierten Konzepte zusammen, so ergeben sich die folgenden ökonomisch relevanten Merkmale einer Dienstleistung (36):

1. Immaterialität des Leistungsangebotes
2. Simultaneität von Produktion und Absatz
3. Notwendigkeit der Integration des externen Faktors

Unter der Immaterialität des Leistungsangebots wird die sächliche Nichtgreifbarkeit des Dienstleistungsergebnisses verstanden. Die Beurteilung der Dienstleistungsqualität unterliegt stärker der subjektiven Einschätzung des Kunden als dies bei Sachgütern der Fall ist. Die Simultaneität von Produktion und Absatz bewirkt, dass Leistungserstellung und Bedarfsdeckung zur gleichen Zeit erfolgen und eine Dienstleistung somit nicht auf Vorrat produziert werden kann (36) Verweis auf (52). Die Notwendigkeit der Integration des externen Faktors bedingt die Mitwirkung des Kunden bei der Dienstleistungserstellung. Der Kunde tritt in intensiven Kontakt mit den

Mitarbeitern des Dienstleistungsunternehmens, so dass die fachliche und soziale Kompetenz der Mitarbeiter zu einer Schlüsselvariable für die Beurteilung der Dienstleistungsqualität werden.

Die Dienstleistungsqualität wird demnach durch folgende Variablen maßgeblich beeinflusst: Durch die technische und soziale Kompetenz des FNs als direkter Ansprechpartner des Kunden, durch das Image und Erscheinungsbild des Gesamtsystems und nicht zuletzt durch die Erwartungen und Wahrnehmungen des Kunden. Als Folge des Zusammenwirkens dieser qualitätsbeeinflussenden Faktoren besteht im Rahmen der Dienstleistungsproduktion in besonderem Maße die Gefahr von Qualitätsschwankungen.(36)

Um dieser heterogenen Dienstleistungsqualität zu begegnen und das Konzept des Franchisings (Standardisierung der Leistung) auch in diesem Bereich nachzukommen, werden detaillierte Konzepte und Prozesse integriert (36) Verweis auf (56) / (57). So sind insbesondere franchisespezifische Organisations- und Führungsmechanismen geeignet, um eine Begrenzung der Variabilität in der Dienstleistungsproduktion zu erreichen. „Die Standardisierung der Dienstleistungsproduktion im Systempaket des FGs, das durch straffe Marketingvorgaben bewirkte einheitliche Erscheinungsbild und das im Rahmen des Schulungswesens vermittelte Expertenwissen wirken einer Variabilität entgegen".(36)

Aus den erwähnten dienstleistungsspezifischen Charakteristika lassen sich spezielle Anforderungen an das Management des FGs ableiten. Meistens werden deshalb Franchisingsysteme im Dienstleistungsbereich als BFF betrieben. Die Koordination der Ziele und Aktivitäten aller Netzwerkteilnehmer zum Aufbau einer einheitlichen Corporate Identity (CI) sowie die Qualitätssicherung und -kontrolle stellen in diesem Zusammenhang die größten Herausforderungen dar (36).

Dienstleistungen können einer „Standardisierung" unterliegen oder sich durch „individuelle Anpassung" auszeichnen. Unter der individuellen Anpassung ist das flexible Eingehen auf individuelle Abnehmerwünsche zu

verstehen, welches maßgeschneiderte Produktlösungen ermöglicht. Demgegenüber handelt es sich bei der Standardisierung der Dienstleistungsproduktion um eine Festlegung von grundlegenden Arbeitsschritten, die sich häufig wiederholen und im Prinzip gleichartig ablaufen. Ziel dieser Standardisierung ist die weitgehende Vereinheitlichung der Dienstleistung und damit die Sicherstellung gleichbleibender Qualität. Die jüngere Literatur zur Dienstleistung belegt, dass zwar ein gewisser Widerspruch zwischen Standardisierung und der individuellen Anpassung besteht, von einer generellen Unvereinbarkeit beider Konstrukte jedoch nicht ausgegangen werden kann. Durch eine Aufspaltung der Dienstleistungsproduktion in einzelne Arbeitsmodule bzw. -prozesse und deren Vereinheitlichung wird eine Standardisierung der einzelnen Module und Prozesse erreicht. Die kundenwunschbezogene Kombination der einzelnen Module – ähnlich dem Baukastenprinzip – bzw. die Spezifizierung der Prozesse durch Anpassungsleistungen lässt dann trotz standardisierter Einzelleistungen eine Individualisierung der Gesamtleistung zu (36).
Für die Integration von Dienstleistungen in einem Franchisesystem spielt deren Standardisierbarkeit eine besonders wichtige Rolle. Erst durch sie werden die Voraussetzungen für die Multiplizierbarkeit der Franchiseidee und Reproduktion der Dienstleistung geschaffen, welches die Grundlagen für den Markterfolg ist.(36) Verweis auf (58) Nur die weitgehende Vereinheitlichung des Dienstleistungserstellungsprozesses durch den FG erlaubt die Dokumentation dieses spezifischen Wissens in sog. Franchisehandbüchern. Diese geben dem FN die Art der von ihm zu erbringenden Dienstleistung vor. Durch die möglichst weitreichende Standardisierung der Dienstleistungserstellung soll trotz der Vielzahl und Heterogenität der Dienstleistungsproduzenten eine gleichbleibende Dienstleistungsqualität sichergestellt werden. Die Individualisierung der Dienstleistung erfolgt dann durch den FN, indem er die standardisierte Dienstleistung an die Kundenwünsche anpasst bzw. die einzelnen Dienstleistungsmodule auf die spezifischen Kundenwünsche ausrichtet. Der Interaktionsgrad zwischen

Kunden und FN drückt aus, in welchem Maße die Mitwirkung des Kunden bei der Dienstleistungserstellung notwendig ist und diese dadurch beeinflusst.

Die vertrauensbildende Funktion des einheitlichen Erscheinungsbildes eines Franchisesystems ist, vor dem Hintergrund einer gleichbleibenden Qualität, geeignet die Wahrnehmung der Kunden positiv zu beeinflussen.(36) Die zentrale Positionierung des FNs bewirkt allgemein, dass die Qualität seines Arbeitsinputs nicht von der Qualität des Systemoutputs separierbar ist und sich damit auf die Gesamtreputation des Systems auswirkt.(59)

6.5. Methoden zur Bewertung von Franchisesystemen

Bei der Bewertung von Franchisesystemen wird bisher meist nur der Aufbau des Systems bewertet und nicht das Unternehmenskonzept so wie dessen Inhalt.[47] Die Bewertungen solcher Systeme sind demzufolge in der Literatur primär auf betriebswirtschaftliche Ziele fokussiert. (44) / (59) / (58) / (57) / (40) Die Bewertung von Franchisesystemen sollte jedoch stärker differenzieren und mehr als nur die Betrachtung der betriebswirtschaftlichen Zielvereinbarung einschließen.

Der deutsche Franchise-Verband (DFV) hat zu diesem Zweck ein umfassendes Bewertungsmodell entwickelt und ermöglicht es so potentiellen FN und auch Lieferanten sowie interessierten Kapitalgebern, ein System unter betriebswirtschaftlichen und ethischen Aspekten zu beurteilen. Dabei ist es notwendig, dass jedes Franchisesystem sich einem sog. regelmäßigen System-Check unterzieht. Erst das erfolgreiche Bestehen dieser Mindestanforderung macht es dem FG möglich, Mitglied des DFV zu werden. Die

[47] Das Unternehmenskonzept und die Inhalte des Konzeptes stehen in einem engen Zusammenhang mit dem betriebswirtschaftlichen Erfolg. So wird angenommen, dass bei positiven betriebswirtschaftlichen Kennzahlen das Konzept und die Inhalte des Systems angemessen sein müssen, da diese zum betriebswirtschaftlichen Erfolg geführt haben.

Durchführung solcher Prüfungen erfolgt auf Basis von Selbstauskünften und stichprobenartigen Befragungen von FNn, sowie ggf. einer intensiven Befragung des FGs. (60)

Alle vom DFV nach diesem Verfahren zertifizierten Franchisesysteme müssen den sog. Ethikkodex des Verbandes erfüllen. Dieser Kodex basiert auf einem 1972 von der European Franchise Federation (EFF) definierten Verhaltenskodex, der faire Verhaltensweisen in der Franchisepraxis sicherstellen soll. Dieser Kodex wurde mit der EG-Kommission in Brüssel abgestimmt und wird von vielen europäischen Franchiseverbänden angewendet.

Zunächst definiert dieser Kodex die Verpflichtungen des FGs. Er besteht im Wesentlichen darin, dass ein bereits erprobtes Unternehmenskonzept und das dadurch erworbene Know-how sowie Erfahrungen an die FN weitergegeben werden und von diesen vertraulich zu behandeln sind. Der Ethikkodex beschreibt die Begriffe „Erfahrung“ und das notwendige „Know-how“ näher, wobei drei definierte Anforderungen erfüllt sein müssen:

- geheim
- wesentlich
- identifiziert

„Geheim“ bedeutet, dass sowohl die Substanz (Inhalte) als auch die Struktur (Aufbau/Zusammensetzung) des Know-hows nicht allgemein bekannt oder leicht zugänglich sind.

„Wesentlich“ besagt, dass die Inhalte für die Verwendung des Verkaufes oder der Dienstleistung unerlässlich sind. Geeignet ist das Know-how also dann, wenn es durch den Abschluss des Franchisevertrages die Situation des FNs verbessert, seine Wettbewerbsstellung fördert und/oder seine Leistungsfähigkeit steigert.

Um sicherzustellen, dass diese Kriterien erfüllt sind, ist es notwendig, dass die Erfahrungen und das Know-how eindeutig und ausführlich beschrieben sind. Sofern dieses zu trifft, kann das Know-how als „identifiziert" bezeichnet werden.

Die Aufnahme neuer FN sollte nur dann erfolgen, sofern diese über die notwendige Ausbildung, finanzielle Mittel und die persönliche Eignung verfügen. Außerdem sollten Anfangsschulungen ebenso wie permanente kommerzielle oder technische Unterstützungen garantiert werden.

Darüber hinaus beschreibt der Ethikkodex auch die Verpflichtungen des FNs. Dieser soll sich auf der Basis des Franchisekonzeptes für nachhaltiges Wachstum einsetzen und die Wahrung der Franchiseidentität gewährleisten. Zudem verpflichtet sich der FN, dem FG wirtschaftliche Daten zukommen zu lassen, damit dieser seine Leistung beurteilen kann. Grundsätzlich gilt für den FN die Geheimhaltung des übermittelten Know-hows. Der Verhaltenskodex weist zudem ausdrücklich daraufhin, dass die nationalen Rechte und Gesetze der beteiligten Parteien durch einen definierten Franchisevertrag nicht verletzt werden dürfen.(61)

7. Franchising im Gesundheitswesen

Um das Franchisesystem im zahnärztlichen Bereich einordnen und vergleichend bewerten zu können, soll zunächst auf Franchiseformen in anderen Bereichen des Gesundheitssystems eingegangen werden.

7.1. Franchising in der Arzneimittelversorgung

In der Arzneimittelversorgung sind mehrere Franchisesysteme umgesetzt worden. Dies ist nicht zuletzt darauf zurückzuführen, dass der Apothekenmarkt für Franchisesysteme besonders lukrativ ist. Durch die geltenden gesetzlichen Vorschriften (Apothekenbetriebsordnung, Apothekengesetz etc.) sind die Voraussetzungen für Apotheken im Wesentlichen harmonisiert und die Abläufe zumindest teilweise standardisiert. Jede Apotheke in Deutschland ist gesetzlich dazu verpflichtet einen Mindeststandard vorzuweisen und verfügt in der überwiegenden Mehrzahl über ein unterstützendes Softwareprogramm. Aus-, Weiter- und Fortbildung bei Apothekern ermöglichen ein weitestgehend einheitliches Qualitätsniveau des Leitungs- und Beratungsangebotes. Gleichzeitig haben Apotheken im Markt der Arzneimittelversorgung bislang eine weitgehend gesetzlich geschützte Allein- bzw. Monopolstellung. Betrachtet man die Apotheke isoliert als Marke, besitzt diese beim Verbraucher ein hohes Maß an Vertrauen[48] und stellt somit eine ideale Basis für die Etablierung eines Franchisesystems dar. (62) Gleichzeitig verhindert das noch bestehende Fremd- und Mehrbesitzverbot eine schnelle Filialisierung im Apothekenbereich, so dass das Franchising im Rahmen dessen die größtmögliche Zentralisierung bieten kann. Der Apothekenmarkt ist derzeit noch durch eine Vielzahl von Einzelbetrieben gekennzeichnet, so dass betriebswirtschaftliche Skaleneffekte bislang eine wichtige Rolle spielen. Durch die genannten Faktoren gilt der Apotheken-

[48] 86% der Deutschen haben ein „Sehr hohes“ oder „ziemlich hohes Vertrauen“ laut Umfrage der „European Trusted Brands“.

markt als besonders lukrativ und ruft somit eine Vielzahl von Investoren auf den Plan, die die Potentiale ausschöpfen wollen. Dies soll im Folgenden an ausgewählten Beispielen belegt werden:
Die Avie System Vertriebsgesellschaft stellte am 8. März 2006 im Rahmen eines Informationstages in Köln ihr Franchisekonzept vor. (63) Das Avie-System ist modular aufgebaut, so dass der selbständige Apotheker durch Wahl der Leistungsmodule die Intensität der Franchisebeziehung selbst bestimmen kann. Das obligatorische Basis-Modul beinhaltet die Bereitstellung von Category Management Konzeptionen, die Teilnahme an lokalen und bundesweiten Werbekampagnen sowie Verkaufsförderungsmaßnahmen. Außerdem wird eine Standortanalyse vorgenommen und Unterstützung bei erforderlichen Umbaumaßnahmen angeboten. Ziel ist der Aufbau einer bundesweit einheitlichen Dachmarke, deren optische Umsetzung bereits am Eingang wahrgenommen werden soll. (Abb. 4)

Abbildung 4: Avie Apotheke

Quelle: http://www.avie-apotheke.de/service/presse/pressebilder.html, 2008

Alle teilnehmenden Apotheker können von zentral abgeschlossen Gruppenverträgen mit Lieferanten und Dienstleistern profitieren. Das zusätzlich wählbare Leistungsmodul 1 beinhaltet klassische administrative Tätigkeiten, die nicht dem Kerngeschäft einer Apotheke entsprechen. Avie übernimmt als Service die Funktionen Finanzbuchhaltung, Lohnbuchhaltung, Dokumentationsmanagement und das Controlling. Eine Erweiterung der Serviceleistung um die Leistungen Datenschutz, Rechnungskontrolle und Apothekenwarenwirtschaft kann durch zusätzliche Auswahl von Modul 2 des Franchisekonzeptes in Anspruch genommen werden.(55) Alle Module der Avie Vertriebsgesellschaft erlauben dem Apotheker eine regionale Anpassung in der standardisierten nationalen Kommunikationspolitik. Durch ein „Baukastenprinzip“ sind die Marketingmaterialien so konzipiert, dass neben dem einheitlichen nationalen Erscheinungsbild dem Apotheker eine individuelle Fläche zur Verfügung steht. Diese Fläche ermöglicht es dem Apotheker auf lokale Gegebenheit (z.B. Preisgefüge und Produktauswahl) Rücksicht zu nehmen. Ebenfalls werden die Marketingmaßnahmen für jede Apotheke individualisiert.(64)

Abbildung 5: Marketingmaterialien Avie Apotheke

Quelle: Kundenprospekt des Avie Vertriebssystem, September 2008

Die Abbildung verdeutlicht die Kombination aus national einheitlichen Informationen (blau umrandet) und den individuellen Anteil (rot umrandet), durch den es dem FN ermöglicht wird, seine Kunden persönlich anzusprechen.

Ein weiteres BFF-Konzept im Apothekenmarkt ist die DocMorris Markenpartnerschaft. Der Ursprung der niederländischen DocMorris Gesellschaft liegt im Versandapothekengeschäft. Derzeit gilt DocMorris als größte Versandapotheke Europas. Der Leistungskatalog des Franchisesystems umfasst einerseits Marketingdienstleistungen wie beispielsweise Category Management Konzeptionen, Werbekampagnen und POS-Aktivitäten. Darüber hinaus werden Schulungen sowie eine persönliche Vor-Ort-Betreuung angeboten. Außerdem stellen Einkaufsvorteile durch Skaleneffekte eine weitere Systemleistung dar. Die Franchisepartnerschaft basiert auf Lizenz-/Kooperationsverträgen zwischen der DocMorris Kooperationen GmbH und den teilnehmenden selbständigen Apothekern. Die Systemeintrittsgebühr liegt bei ca. 5.000 Euro, außerdem müssen Kooperationsgebühren (300 Euro) und monatliche Gebühren in Höhe von 1.200 Euro entrichtet werden. Um den Aufbau der Dachmarke DocMorris zu unterstützen, muss eine Apotheke bei Systemeintritt entsprechende Umbaumaßnahmen vornehmen und die hierdurch anfallenden Kosten selbst tragen. Derzeit existieren in Deutschland über 100 DocMorris Apotheken, für die ein Gebietsschutz garantiert wird.(65) / (66) Dieser Gebietsschutz beinhaltet allerdings lediglich die Zusicherung, dass DocMorris keine weitere Apotheke im unmittelbaren Versorgungsbereich des FNs eröffnen wird.

Abbildung 6: DocMorris Apotheke

Quelle: http://www.flickr.com/photos/docmorris/page3/, 2008

Seit dem 26. April 2007 hält die deutsche Celesio AG 90% Anteile an der DocMorris Gesellschaft. (67) DocMorris gilt als einer der unterstützenden Marktteilnehmer für die Liberalisierung des deutschen Apothekenmarktes und forciert die Aufhebung des Fremd- und Mehrbesitzverbotes. Folgender Auszug aus dem Geschäftsbericht 2007 belegt, dass DocMorris für die Celesio AG eine Vorstufe der Filialisierung ist:

„Ein Wegfall des Fremdbesitzverbots bedeutet aus europarechtlichen Gründen zwangsläufig auch die Aufhebung des in vielen Ländern bestehenden Mehrbesitzverbots für Apotheken. Celesio-Apotheken werden die aus den Liberalisierungstendenzen resultierenden Chancen nutzen, wenn das rechtliche, politische und wirtschaftliche Umfeld in den jeweiligen Ländern attraktiv ist. In Deutschland ist Celesio auf eine Liberalisierung des Apothekenmarkts nicht zuletzt seit dem Erwerb von DocMorris bestens vorbereitet.“ (68)

Die easy Apotheke Kooperationsgesellschaft mbH wurde im Jahr 2006 gegründet und versucht sich gezielt als Discount-Apotheken-System zu positionieren. Konsequente Kostendegression in sämtlichen Prozessen sollen erhebliche Preisreduzierungen ermöglichen. Die Vergleichbarkeit mit Discountsystemen im Einzelhandel wird bereits bei der Standortauswahl deutlich. Im Gegensatz zu klassischen Apothekenstandorten werden in erster Linie Standorte in Gegenden mit hoher Kundenfrequenz (> 1,2 Mio. Kunden pro Jahr) und unmittelbarer Nachbarschaft zu anderen Discountgeschäften ausgewählt. Die Fläche einer easy-Apotheke sollte zwischen 250-500 Quadratmeter liegen und ein städtisches Einzugsgebiet von mindesten 50.000 Menschen aufweisen können. (69) Sämtliche standortbezogene Aufgaben wie Standortauswahl, Mietvertragsverhandlungen und Bauplanung obliegen primär der Systemzentrale und werden von dieser mit einheitlichen Prozessen unterstützt, um dem Anspruch der Kostenführerschaft gerecht zu werden und den einheitlichen Auftritt unter der Dachmarke easy-Apotheke zu gewährleisten. Weitere Merkmale, die die eindeutige Positionierung als Discountmarke belegen, sind der Vertrieb von Eigenmarken bspw. in den Bereichen Haut- und Körperpflege sowie die Anwendung von weiteren Einzelhandelsprinzipien (Warenkörbe, Kommissionierautomaten, Check-out Kassen).

Abbildung 7: easy Apotheke Hohenschönhausen, Berlin

Quelle: http://www.easyapotheke-partner.de/foto/hohenschoenhausen/content/13_large.html, 2008

Die zu erwartenden Vorteile für Kooperationspartner aus Leistungen der Systemzentrale entsprechen ebenfalls den Charakteristika eines auf Kostenführerschaft ausgelegten Discountkonzeptes. So werden in erster Linie Einkaufsvorteile infolge von Direktkonditionen, Bestellbündelungen und Unterstützung bei der Verhandlung mit Großhändlern als Vorteile aufgeführt. Darüber hinaus partizipieren angeschlossene Apotheken an gemeinsamen Werbekampagnen und einer übergreifenden, abgestimmten Öffentlichkeitsarbeiten. Als zentrales Informations- und Kommunikationsmedium zwischen Systemzentrale und Apothekenfilialen wird das Internet genannt, was die konsequente Umsetzung der Discountpositionierung unterstreicht. Die Systemzentrale garantiert einen dauerhaften Konkurrenzschutz in einem Umkreis von 1km um die Konzeptapotheke. (70)

Derzeit gehören im Bundesgebiet 21 Apotheken zur easy Kooperation angeschlossen. (71)

7.2. Franchising in der ambulanten Pflege

Im Bereich der ambulanten Pflege gibt es bereits Franchisesysteme. Das MSKS (Mobiler Service für Krankenpflege und Seniorenbetreuung) Pflegeteam Franchise - ein Franchisekonzept, welches seit 2006 am Markt aktiv ist - hat mittlerweile fünf FN. (72) Weitere drei potentielle FN sind im Aufbau ihrer Geschäftskonzeption und werden bis Ende 2008 an das System angeschlossen sein. Das Unternehmen bietet seinen Kunden ein ganzheitliches Leistungsangebot. Ein MSKS Pflegeteam begleitet die Patienten nach Bedarf bereits bei der Antragsstellung auf Pflegebedürftigkeit und hilft ebenfalls bei einem Widerspruch dieser. Die Vision des Franchisekonzeptes besteht darin, eine „humane und individuelle ambulante Pflege in das Sozial-und Gesundheitswesen hineinzutragen". (73) Um diese Vision als Leitbild in das operative Geschäft zu integrieren, sind die persönliche Fürsorge und kontinuierliche Betreuung der Patienten durch gleichbleibendes Pflegepersonal ein wesentlicher Bestandteil des Franchisekonzeptes. Dabei ist eine Expansion der einzelnen FN nur insoweit gewünscht, als dass diese Unternehmenswerte berücksichtigt werden. Ziel ist es im Gegensatz zu großen Pflegeeinrichtungen, lokal zu agieren. Die menschliche Zuwendung und eine patientenindividuellen Betreuung stehen dabei im Vordergrund.

Abbildung 8: Franchisenehmerbüro in Lehrte bei Hannover

Quelle: MSKS Franchise Pflege Team, 2008

Damit die FN sich diesem Kerngeschäft widmen können, stellt der FG ein umfangreiches administratives und organisatorisches Leistungspaket zur Verfügung. Der FN erhält einen Gebiets- und Markenschutz. Der Gebietsschutz bezieht sich darauf, dass die MSKS seinem FN Postleitzahlen zuteilt, die nur von diesem FN betreut werden. Jedoch hat der FG keinen Einfluss darauf, dass auch andere ambulanten Pflegedienste in diesem Gebiet tätig sind. Die Zentrale versteht sich gegenüber seinen FN als eine Unternehmensberatung und leistet Unterstützung im Bereich der Personalführung, des Finanzmanagements, der Marketingkonzeptionen und Weiterbildung. Alle FN sind an ein identisches Softwareprogramm angeschlossen und können somit gemeinsame Potentiale und Synergien lokalisieren. Die Ladenausstattungen sind identisch und der durchschnittliche Kapitaleinsatz beträgt 40.000 Euro. Laut Aussage des FGs kann der FN binnen sechs bis neun Monaten die Gewinnschwelle erreichen. Das notwendige Eigenkapital beträgt für Franchiseinteressenten 5.000 Euro bis 10.000 Euro. Der FG sieht eine einmalige Eintrittsgebühr von 12.500 Euro vor. Laufende Gebühren untergliedern sich in eine 7%ige[49] Franchisegebühr sowie eine Werbegebühr i.H.v. 1,5% vom Umsatz, die jedoch auf einen Maximalbetrag von 500 Euro gedeckelt ist. (74)

Ein weiteres Franchisesystem im Bereich der ambulanten Pflege ist die „Musik auf Rädern GbR“, ein mit insgesamt neun Standorten bundesweit tätiges Unternehmen, das neben nicht-medizinischer musikalischer Unterhaltung insbesondere ein breites Spektrum musiktherapeutischer Dienstleistungen anbietet. Im Einzelnen umfasst das Angebot die musiktherapeutische Begleitung dementer Menschen, Musiktherapie mit behinderten Menschen, Angehörigenarbeit sowie Sterbebegleitung. Musik auf Rädern verfolgt dabei das Ziel, sowohl für Patienten als auch für Pflegekräfte und Angehörige eine hilfreiche Ergänzung im Pflegealltag zu sein. Kosten für Musiktherapie werden nur vereinzelt von Krankenkassen getragen, allerdings bestehen gem. Angabe des Unternehmens verschiedene andere finanzielle Förderungsmöglichkeiten. (75)

7.3. Franchising im Bereich der Gesundheitsvorsorge

Ein bereits langjährig etabliertes Franchisesystem im Bereich der Gesundheitsvorsorge ist die Kieser Training AG. 1997 eröffnete der erste Franchisebetrieb in Bremen. Zuvor hatte das Unternehmen bereits in Frankfurt, Hamburg, Köln und München eigene Filialen eröffnet. (76) Das Konzept beruht auf einem gesundheitsorientierten Krafttraining und bezeichnet das Trainingsziel als präventive und therapeutische Maßnahme. Dabei bietet das Kieser Training ein ärztlich kontrolliertes und therapeutisch begleitendes Muskeltraining an, das dem Entstehen bzw. Fortschreiten von Erkrankungen des Bewegungssystems entgegenwirken soll. (77) Das Unternehmen kooperiert mit diversen Krankenkassen, wie beispielsweise der HVB

[49] Umsatzabhängig

BKK, der Securvita und der BKK Rhein Neckar, die die Inanspruchnahme des Kieser Trainings durch ihre Versicherungsnehmer finanziell unterstützen. Ebenfalls bieten Unternehmen (z.B. Zürich Gruppe Deutschland, Avanade und Hamburg Mannheimer Versicherungen AG) ihren Angestellten finanzielle Unterstützung bei der Nutzung des Kieser Trainings.(78) FN des Kieser Training Konzeptes sollten eine abgeschlossen Ausbildung oder ein abgeschlossenes Studium, sowie Erfahrungen in der Personalführung, Marketing und Vertrieb, Sport oder medizinischen Bereichen vorweisen können. Die Ausbildungsstelle in Köln sieht eine intensive Einführungsschulung potentieller FN vor. Ebenfalls ist es erforderlich, dass die FN an anderen Standorten die betriebliche Praxis kennenlernen und ein dreimonatiges Praktikum absolvieren. Kontinuierliche Weiterbildungsmaßnahmen auch nach der Eröffnung eines Kieser Franchise sind Bestandteil des Konzeptes. (79) Das durchschnittlich benötigte Eigenkapital für den Eintritt in das Franchisesystem liegt bei 100.000 Euro. Der Kapitaleinsatz für die gesamte Investition beträgt ca. 600.000 Euro. Neben einer Einstiegsgebühr von 30.000 Euro sind laufende Gebühren von 5% des Umsatzes und Werbegebühren i.H.v. 2% des Umsatzes an die Zentrale abzuführen. Alle Kieser Trainings-Betriebe haben einheitliche Öffnungszeiten und ein einheitliches Erscheinungsbild. Das BFF-Konzept sieht ebenfalls eine Harmonisierung der Trainingsprozesse vor.

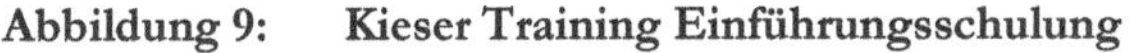
Abbildung 9: Kieser Training Einführungsschulung

Quelle. http://www.kieser-training.com/de_deutsch/pages/ME/ME_Br.shtml?navid=46

So erhalten neue Mitglieder nach einem konzipierten Schema die Einführungsschulungen und Trainingspläne. Permanente interne und externe Qualitätskontrollen sollen die einheitlichen Standards der Betriebe gewährleisten. (80)

Ein weiteres Konzept im Bereich der Gesundheitsvorsorge bietet die Rücken College AG. Rücken College bietet seinen Kunden zur Linderung von Rückenbeschwerden ein „ganzheitliches multidisziplinäres Rückenkonzept". Der Leistungsumfang gegenüber den Kunden beinhaltet neben Gymnastik und Muskelaufbautraining auch gezielte Beratungsgespräche und Motivationstrainings, so dass neben rehabilitativen Maßnahmen auch Präventivmaßnahmen angeboten werden. (81) Das Konzept wird ab dem vierten Quartal 2008 mit neun FN in Deutschland vertreten sein. Vier weitere Franchisebetriebe sind gemäß Aussage der Franchisezentrale bereits in

Planung. Die Leistungen des FGs umfassen neben Gebiets- und Markenschutz auch fachspezifische Schulungen, eine Standortanalyse sowie laufende Betriebsbetreuung. Potentielle FN können sich schriftlich für die Teilnahme an dem Konzept bewerben. Für den Systemeintritt muss mit einer Investition in Höhe von ca. 40.000 Euro kalkuliert werden. Dieses beinhaltet die Eintrittsgebühr, den Erwerb des Anlagevermögens sowie das Steuer- und Finanzkonzept. Ein Eigenkapitalanteil von ca. 20% wird vorausgesetzt, die Finanzierung des Restbetrages wird von der Franchisezentrale angeboten. Neben den Eintrittsgebühren fallen monatliche Systemgebühren in Höhe von 5,5% des Nettoumsatzes, mindestens jedoch 345 Euro, an. Für die zentralgesteuerten Marketingaktivitäten muss der FN 2,5% des Nettoumsatzes, mindestens jedoch 145 Euro, pro Monat zahlen. Im Gegenzug erhält der FN ein „schlüsselfertiges Konzept“ inklusive aller erforderlichen Verbrauchsmaterialen (Visitenkarten, Musterbriefe, Trainingspläne, Stempel etc.).(82) Zu den Mindestanforderungen des BFF-Konzeptes gehört, dass alle Franchiseeinrichtungen über eine Fläche von mindestens 150qm² verfügen und gleichartig aufgebaut sind. (Abb. 7)

Abbildung 10: Rücken College Franchiselayout

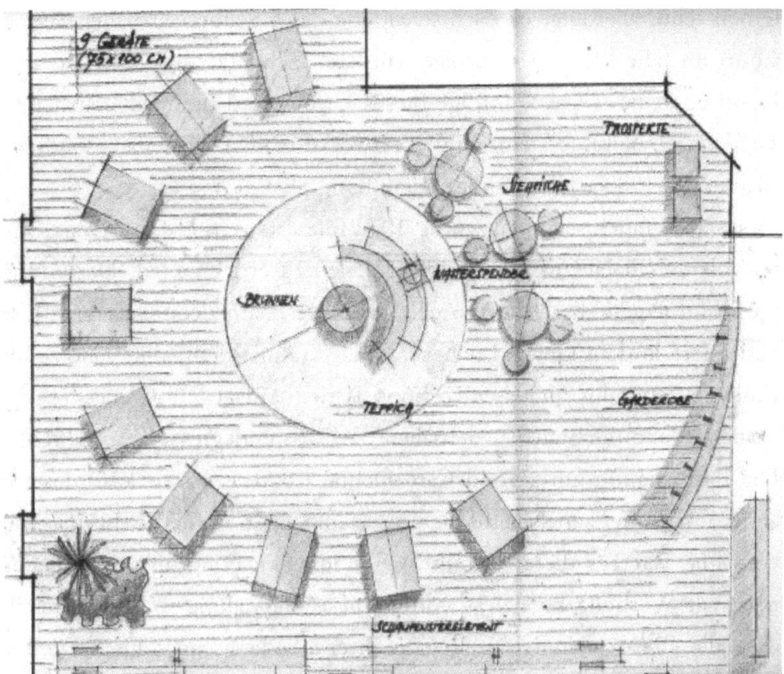

Quelle: http://www.ruecken-college.de/ruecken_college_unternehmen.php, 2008

Die Zielgruppe dieses Franchisekonzeptes sind Schmerztherapiepatienten, Osteoporose-Patienten, (ältere) Menschen, die zukünftigen Rückenleiden vorbeugen möchten und Menschen die bereits Rückenbeschwerden haben.

7.4. Franchising in der zahnmedizinischen Versorgung

Das Geschäftsmodell Franchising in der zahnärztlichen Versorgung befindet sich in Deutschland im Vergleich zu den USA sowie anderen Europäischen Staaten in einem sehr frühen Entwicklungsstadium. Erste Entwicklungstendenzen von Franchisemodellen in der zahnärztlichen Versorgung traten in den USA in den 1950er Jahren auf. Die grundlegende Voraussetzung für den erfolgreichen Betrieb von zahnmedizinischen Franchisesystemen schuf allerdings eine Entscheidung des US-amerikanischen Supreme Court im Jahr 1977. Demzufolge wurde es Zahnärzten gestattet, aktiv um Kundschaft zu werben. Infolge dieses Urteils sind die maßgeblichen Ansätze für Franchisesysteme und Netzwerke in den USA insbesondere zu Beginn der 1980er Jahre vorzufinden.(83)

Das erste Franchisesystem wurde 1979 initiiert. „Good Care Dental Center" plante ein Netzwerk von 4000 Filialen zu errichten.(84) Der Gründer Gordon Fitzgerald sah die Vorteile seiner Geschäftsidee für Zahnärzte insbesondere in dem Gewinn neuer Patienten. Außerdem sollte eine zentrale Einkaufssteuerung für das investitionslastige Anlagevermögen sowie Verbrauchs- und Gebrauchsmaterialien zu Kostendegressionen führen.(84) Die Partizipation am „Good Care Dental Center" System erforderte wie andere US-amerikanische Franchisesysteme eine einmalige Lizenzgebühr vom FN. Ein Teil dieser Gebühr wurde in einen Fond investiert, aus dem regionale Werbung finanziert wurde. Diese Maßnahme sollte sicherstellen, dass die FN gezielt in der Region ihrer Niederlassung durch Werbung Neukunden gewinnen können. Zusätzlich zu dieser einmaligen Systemeintrittsgebühr mussten FN monatliche Beiträge an den FG abführen. Ziel des Systems war es, in den USA ein bekanntes Trademark zu etablieren. Die Behandlungsgebühren konnten die Zahnärzte individuell festlegen. Aus diesem Grund wurde in der Kommunikationspolitik auf Ausweisung von Preisen verzichtet und primär die Qualität der Versorgung in den Fokus gestellt. Um die einheitliche Qualität sicherzustellen, etablierte das Unternehmen neben einer für alle FN verbindlichen Qualitätsrichtlinie auch ein intensives Schulungsangebot. Kerngedanke des „Good Care Dental Center" Konzepts war es, den FN in den Funktionen Administration, Marketing und Management zu unterstützen, ohne jedoch die Individualität der zahnärztlichen Therapiefreiheit einzuschränken.(84) Darüber hinaus plante die Zentrale, ein intensives Schulungsangebot für die teilnehmenden Zahnärzte anzubieten.

Neben der dargestellten Pionierleistung von „Good Care Dental Center" waren zu Beginn der 1980er Jahre drei weitere Franchisesysteme in den USA aktiv: Dentalhealth of America, Dwight Health Care Inc. und Jonathan Health Services.[50]

Aus der Fachliteratur der 1980er Jahre geht hervor, dass Franchisesysteme insbesondere in der Gründungs- und Expansionsphase finanzielle Schwierigkeiten hatten. So stand die Anzahl der beitragsleistenden FN oftmals nicht im Verhältnis zu den Werbeaufwendungen der Franchisesysteme. Die Bandbreite angebotener Franchisegeberleistungen reichte von ausschließlich administrativen Leistungskatalogen bis hin zu kompletten Praxis-Konzepten.(83) Mitte der 1980er Jahre wurde in den USA mittels diverser Studien die Einstellung von Patienten zur Werbung für zahnmedizinische Versorgungsleistungen untersucht.[51] Es stellte sich heraus, dass in erster Linie die Qualität der Dienstleistung bei der Zahnarztwahl der Patienten im Fokus steht.

Das mit Sitz in Colorado bestehende Franchisesystem Comfort Dental entwickelte die Franchisekonzeption ebenfalls Anfang der 80er Jahre. Heute hat Comfort Dental, laut Aussage des Vice President Marketing Neil G. Norton, 175 Praxen, die als unabhängige individuelle FN agieren, allerdings begann die Expansion erst 1993. Comfort Dental bietet seinen FN ein Konzept inklusive Administrationsunterstützung, sowie Marketing- und Kommunikationskonzepte an. Bislang konnten 1,5 Millionen[52] Patienten bei Comfort Dental registriert werden. Insbesondere ist Comfort Dental auf Akutbehandlungen fokussiert. In den USA können Zahnärzte entscheiden, welche Versicherungen ihre zahnärztlichen Leistungen abdecken.

---

[50] Jonathan Health Services formierte sich aus RDC dental Inc.

[51] Budden 1983 (What Patients Think of Your Practise), Kress and Siverstein 1983 (Patient Feedback Provides real Neasure of Patient Satisfaction) und Procter & Gamble 1984 (Survey of Dental Patient Attidude)

[52] Stand Mai 2008

Sofern ein Patient nicht bei einer dieser Versicherungen versichert ist oder grundsätzlich keine Versicherung hat, ist er gezwungen, die Leistung privat zu tragen. Somit bietet das Unternehmen jedem US Bürger Zutritt zur zahnärztlichen Versorgung, sofern der Patient sich versichert hat. Wenn der Patient keine Versicherung für die zahnärztliche Versorgung besitzt, kann er die Versorgung im akuten Fall vor Ort bezahlen. Das Unternehmen bietet ebenfalls eine Mitgliedschaft an, bei der die Patienten durch monatliche Beiträge die Kosten einer Behandlung reduzieren können und Leistungen wie Zahnreinigungen[53], lokale Anästhesien und reguläre Untersuchungen kostenfrei durchgeführt werden. Die Mitgliedschaften können individuell oder aber auch vom Arbeitgeber für seine Arbeitnehmer beantragt werden. Das Unternehmen gibt an, dass die Patienten bei einer Behandlung von Comfort Dental bei gleichbleibender Qualität weniger bezahlen müssen, als für eine herkömmliche zahnärztliche Versorgung. (85) Weiterhin wird dem Patienten versichert, dass die Wartezeit für einen Termin maximal einen Tag beträgt. (86)

Die Entwicklung von Franchisesystemen in der zahnmedizinischen Versorgung in Europa kann am Beispiel Spaniens dargestellt werden. Die zahnärztlichen Leistungen für Jugendliche (ab 14 Jahren) und Erwachsene müssen in Spanien von den Bürgern privat getragen werden. (87) Vorsorgemaßnahmen und Akutbehandlung[54] sind somit nicht staatlich finanziert. Einer der größten Franchiseanbieter ist mit über 400 FNn weltweit das spanische Unternehmen Vital Dent. Das Unternehmen ist als BFF in Spanien, Portugal, Italien und den USA vertreten. Jede Vital Dent-Praxis verfügt, in Abhängigkeit der lokalen Räumlichkeiten, aufgrund des identischen Aufbaus und gleichen Mobiliars über einen Wiedererkennungseffekt. Au-

---

[53] Zwei mal jährlich

[54] In definierten Notfallsituationen werden auch zahnärztlichen Behandlungen durch die gesetzliche Krankenversicherung getragen, dies ist jedoch nicht der Regelfall.

ßerdem sind alle Serviceleistungen und sämtliche administrative Prozesse, wie beispielsweise die Aufnahme neuer Patienten, harmonisiert.[55]

Abbildung 11: Vital Dent, Albacete, Spanien

Quelle: Eigene Darstellung, 2008

Die direkten Leistungen des FGs umfassen die Bereitstellung von Marketingmaterial, Informationsbroschüren, Verbrauchsmaterialien und Dekoration. Einheitlich ist auch das Tätigkeitsfeld der Vital Dent Praxen. So kann der Patient in allen Franchiseeinrichtungen Leistungen aus den Bereichen Kieferorthopädie, kosmetische Zahnmedizin, Implantologie sowie allgemeine Zahnmedizin zurückgreifen. Insgesamt 24 Serviceleistungen bietet Vital Dent seinen Kunden gebührenfrei an, unter anderem Zahnreinigungen, Routineuntersuchungen, Beratungen zur täglichen Zahnpflege, Flouridierung, Versiegelungen und Röntgenaufnahmen. Darüber hinaus bietet das Unternehmen für feste Prothesen eine lebenslange Garantie und für herausnehmbaren Zahnersatz eine Garantie von fünf Jahren. Die Gebüh-

[55] So die Aussagen des Praxisteams in Albacete

ren für kostenpflichtige Dienstleistungen werden direkt bei dem behandelnden Zahnarzt bzw. in der behandelnden Praxis entrichtet. Hohe Rechnungsbeträge können über einen Zeitraum von bis zu sechs Monaten zinsfrei in Raten beglichen werden. Finanzierungen über einen längeren Zeitraum werden individuell abgestimmt und können bis zu fünf Jahre laufen. Vital Dent Praxen werden grundsätzlich von mehreren Zahnärzten geführt, um das breite Dienstleistungsangebot garantieren zu können. Alle Praxen haben von Montag bis Samstag von 10:00 Uhr bis 22:00 Uhr geöffnet.(88)

8. Alternative Kooperationsformen in der zahnärztlichen Versorgung

In Großbritannien, einem Land mit steuerfinanzierter Gesundheitsvorsorge, haben sich mehrere private versicherungsbasierte zahnmedizinische Kooperationssysteme etabliert. „Denplan" ist der größte Anbieter privat finanzierter zahnärztlicher Versorgungsleistungen. Patienten können gegen Entrichten einer individuellen monatlichen Beitragszahlung bei einem angeschlossenen Denplan-Zahnarzt kostenfrei Präventivmaßnahmen, Kontrolluntersuchungen und Akutbehandlungen in Anspruch nehmen. Die monatliche Gebühr[56] ist abhängig von dem Gesundheitszustand der Zähne und wird von der „Denplan-Zentrale" direkt beim Patienten eingezogen, so dass für den Zahnarzt die damit verbundenen administrativen Tätigkeiten entfallen. Die Einstufung des Gesundheitszustandes der Zähne wird vom zuständigen Denplan Zahnarzt vorgenommen. Denplan Ltd. wurde 1986 von zwei britischen Zahnärzten gegründet, die ihren Patienten eine Alternative zur gesetzlichen Versorgung anbieten wollten. Ziel war es, den Zahnärzten möglichst viele administrative Tätigkeiten abzunehmen, damit sich diese primär auf ihre Patienten und deren Behandlung konzentrieren können. Die monatlichen Beiträge durch die Gebühren der Patienten sollten für ein stabiles Einkommen der Zahnärzte sorgen. Seit 1999 ist Denplan ein Teil der Axa Gruppe, einer der führenden Konzerne im Bereich Versicherung, Vermögensmanagement und Vorsorge. Dies war ein logischer Schritt, da die Finanzierungsform über eine monatliche Pauschalgebühr einer Versicherung gleichkommt. Die Leistung von Denplan Zahnärzten sind unabhängig von dem gesetzlichen National Health Service (NHS), der für alle Bürgerinnen und Bürger in Großbritannien zugänglich ist. Dennoch hat der Zahnarzt die Möglichkeit, sowohl für Denplan Patienten, als auch für Patienten der NHS Versorgung tätig zu sein. Die entsprechenden Behandlungen für NHS Patienten können jedoch nur Zahnärzte

[56] Laut Denplan beträgt die durchschnittliche Gebühr 18,05 Pfund.

vornehmen, die beim NHS registriert sind und einen Versorgungsvertrag mit dem NHS abgeschlossen haben. Im Gegensatz zu Denplan, wo durch die monatliche Gebühr die Versorgung abgesichert ist, hat im April 2008 die NHS ein drei-Pauschalen-System eingeführt. Je nach Zuordnung der Behandlung muss der Patient zwischen 16,20 £ und 198,00 £ privat zuzahlen. Der Patient ist beim Besuch verpflichtet, den Zahnarzt daraufhin zu weisen, dass er/sie eine NHS-Behandlung wünscht. Ein Zahnarzt kann folglich sowohl im Rahmen der gesetzlich geregelten Versorgung als auch für private Kooperationen wie „Denplan" tätig sein oder individuell private Leistungen mit den Patienten vereinbaren. (89) Somit ist es dem Zahnarzt in Großbritannien möglich, verschiedene Versorgungsverträge mit unterschiedlichen Anbietern (gesetzlich und privat) abzuschließen.

In Deutschland besteht für die Patienten der gesetzlichen Versorgung ebenfalls die Möglichkeit, private Zusatzversicherungen für die zahnärztliche Versorgung abzuschließen. Diese werden durch die Partner der gesetzlichen Krankenkasse angeboten und ermöglichen es, dem Kassenpatienten Zugang zu erweiterten Versorgungsleistungen zu schaffen. So bietet die Techniker Krankenkasse beispielsweise eine Kooperation mit der ENVIVAS Krankenversicherung AG, einem Unternehmen der AMB Generali Gruppe, an.(90) Die Barmer Ersatzkasse ermöglicht ihren Versicherten eine Zusatzversicherung in Zusammenarbeit mit der HUK-COBRUG und die AOK verweist ihre Patienten auf die Zusatzversicherung in Zusammenarbeit mit der DKV. (91) / (92)

Eine alternative Kooperationsform zu Franchisesystemen bietet zudem die „dental networks GmbH", ein deutschlandweites Netzwerk, welches 2006 von zwei Zahnärzten gegründet wurde. Derzeit verzeichnet das Unternehmen 45 Mitglieder. Die dental networks GmbH bietet ihren Mitgliedern Dienstleistungen in vielen Bereichen der Unternehmensführung an, die sowohl das Praxismanagement als auch die persönliche Weiterbildung des

Praxisteams betreffen. Außerdem verschafft dental networks GmbH den angeschlossenen Praxen Einkaufsvorteile. Dieses breite Leistungsspektrum wird von 15 unterschiedlichen Modulpartnern oder Mitarbeitern der dental networks GmbH angeboten. Unter anderem zählen die BFS financial services, Barmenia, Solutio, Pluraden und ItforLife zu den Partnern von Dental networks. Die verschiedenen Leistungsmodule können von den Mitgliedern nach Bedarf in Anspruch genommen werden. Die Teilnahme an solchen Modulen ist teilweise kostenpflichtig, wird aber laut Aussage von dental networks durch die geringen monatlichen Mitgliedsbeiträge subventioniert. Ebenfalls bietet diese Kooperation eine Informationsplattform, auf der Zahnärzte ihre Erfahrungen austauschen können. Der Grundgedanke von dental networks ist, dass ein Zusammenschluss von mehreren Zahnärzten effektiver ist als die Einzelpraxis. Bei der Mitgliedschaft wird zwischen einer Basis- und Vollmitgliedschaft unterschieden. Ein Basismitglied hat Zugriff auf vergünstigten Waren- und Materialbezug. Für diesen Zugriff zahlt das Mitglied 40 Euro im Monat. Die Vollmitgliedschaft beträgt 150 Euro. Das Mitglied erhält eine permanente Beratungsunterstützung durch die dental networks Zentrale. Die Mitgliedschaft ist jederzeit ohne Angaben von Gründen kündbar. Sowohl Dentallabore, als auch Zahnärzte können sich dental networks anschließen. Die gemeinsame Ressourcennutzung steht bei dental networks im Vordergrund. Die Mitglieder haben einen gemeinsamen Zugriff auf EDV-Lösungen, zentrale Abrechnungsunterstützung, Marktbeobachtungen, Informationsplattformen und regelmäßige Zusammenkünfte. (93)

Die Medeco GmbH bietet eine andere Form der Kooperation. Das Unternehmen mietet systemkonforme Praxen an, welche durch die Medeco GmbH einheitlich ausgestattet werden. Die Ausstattung beinhaltet sowohl die medizinisch-technischen Geräte als auch die innenarchitektonische Planung und Konzeption des Betriebes. Ebenfalls initiiert Medeco für den Standort eine Gesellschaft. Die interessierten Zahnärzte können dann Gesellschafter werden und die Praxis somit als „Senior Partner" betreiben. Aufnahmekriterium ist die Approbation als Arzt oder Zahnarzt. Je nach Standort können auch mehrere Ärzte/Zahnärzte Gesellschafter werden, um das Dienstleistungszentrum als Ärztegemeinschaft zu führen. Die Personalauswahl obliegt den Senior Partnern, obgleich die Medeco GmbH ihre Unterstützung anbietet. Zwischen der Medeco GmbH und den Gesellschaftern bestehen Konzessionsvereinbarungen. Ziel von der Medeco GmbH ist es, die Standorte von Medeco Unternehmungen einheitlich zu gestalten. Eine enge Kooperation besteht insbesondere in Bereichen der Außendarstellung, Qualitätskontrolle, Fortbildung, Einkauf und Verwaltung. Das Therapiespektrum der Medeco Zahnkliniken beinhaltet sowohl reguläre Zahnbehandlungen wie Füllungen, Kronen, Brücken, Prothesen, Paradontologie und Implantologie als auch zahn- und oralchirurgische Eingriffe sowie kieferchirurgische Operationen bei Kieferfrakturen, Tumorerkrankungen, Missbildungen und plastisch - ästhetischer Gesichtschirurgie. (94) Obgleich die Medeco Gruppe explizit darauf hinweist, kein Franchisesystem zu sein, liegt, abgesehen von umsatzbezogenen Abgabemechanismen, die Vermutung eines Franchisesystems sehr nahe. (95)

9. Analyse deutscher Franchisesysteme in der zahnärztlichen Versorgung

Die Möglichkeiten und Grenzen von Franchisesystemen innerhalb der deutschen zahnärztlichen Versorgung sind weitgehend durch die gesetzlich fixierten Rechte und Pflichten des Zahnarztes determiniert. Der Zahnarzt als potenzieller FN kann die vertragliche Verpflichtung gegenüber dem FG nur insoweit erfüllen, wie es seine Berufsordnung erlaubt. Der Umgang von Zahnärzten und Zahnärztinnen mit ihren Patienten und anderen Partnern im Gesundheitswesen ist in der Musterberufsordnung (MBO) der Bundeszahnärztekammer weitestgehend geregelt. Darin wird das Berufsbild des Zahnarztes als „freies, nicht gewerbliches, fachlich unabhängiges und persönlich eigenverantwortliches Berufsbild" definiert. Gemäß §21 der MBO ist es dem Zahnarzt gestattet, sachliche Informationen über seine Berufstätigkeit zu verbreiten. Allerdings dürfen diese Informationen nicht den Charakter einer vergleichenden, herabsetzenden, irreführenden oder anpreisenden Werbung besitzen. Darüber hinaus ist er ebenfalls verpflichtet, eine durch Dritte initiierte Werbung, welche sich auf seine Berufsausübung bezieht, zu unterbinden. Der §8 der MBO sieht es ebenfalls nicht vor, dass Zahnärzte untereinander im Verdrängungswettbewerb stehen sollen, sondern ein kollegiales Verhältnis zueinander pflegen. Zudem können Zahnärzte sich ebenfalls zusammenschließen und Gesellschaftsformen, die der Zahnarztberuf zulässt, ausüben. Somit können Franchisesysteme in der zahnärztlichen Versorgung umgesetzt werden, sofern diese den Vorschriften des §16 der MBO entsprechen.(96)(97)

9.1. Vorstellung der Franchisekonzepte

Im Rahmen der Analyse bestehender nationaler FG wurden folgende fünf Franchisesysteme näher betrachtet:

1. TruDent Zahnärztliche Behandlungskonzepte AG, Eckernförde
2. Smilecare GmbH, München
3. GoDentis GmbH, Köln
4. DBFC Dental Business Franchise Consult GmbH, Berlin
5. MC Zahn AG, Willich

Die TruDent Zahnärztliche Behandlungskonzepte AG (TruDent) wurde 1999 gegründet. Bis zum 5. Dezember 2007 wurde das Unternehmen noch unter dem Namen „Mac Dent“ geführt. Um eine ungewollte Verwechslung mit der 2006 gegründeten MC Zahn AG auszuschließen, nahm die damalige Mac Dent AG eine Umfirmierung zur TruDent AG vor.(98) Die Strategische Ausrichtung von TruDent basiert auf der Qualitätsführerschaft. Das Konzept beinhaltet sämtliche zahnärztliche Versorgungsleistungen. Der Kern des Konzeptes liegt in den vereinbarten Qualitätssicherungsmaßnahmen zwischen dem FG und dem FN. Ausgewiesene TruDent Zahnarztpraxen haben einen Mindeststandard, der laut Aussage von TruDent auf nationaler Ebene in dieser Form nicht einheitlich vorzufinden ist. Gegenüber den Patienten proklamiert TruDent „Sicherheit und Transparenz“.(99) Jeder neue Patient erhält in der TruDent Praxis eine umfassende Erstuntersuchung (Grunddiagnostik), die im Systemhandbuch des FG definiert ist. Diese Mindeststandards werden im TruDent Konzept als “Die sieben Brücken der Qualität“ bezeichnet:

1. Auswahl der zahnärztlichen Partner
2. Regelmäßige Fortbildungstätigkeiten der Zahnärzte und des Praxisteams
3. Praxisführung nach einem Qualitätsmanagement der Norm ISO 9001:2000
4. Stichprobenweise Überprüfung der Ergebnisqualität durch einen Check-Zahnarzt
5. Definierte Untersuchungs- und Behandlungsstandards
6. Sechs Jahre Qualitätsgarantie auf Zahnersatz, Kronen und Inlays
7. Schlichtungsverfahren bei Differenzen zwischen Praxis und Patient

Die Auswahl der zahnärztlichen Partner erfolgt durch individuelle Gespräche, die die Geschäftsführung in der Praxis des potentiellen FN führt. Dabei wird zunächst auf den Praxiszustand geachtet. Das individuelle Gespräch soll dazu dienen, unter anderem folgende Informationen über die bestehende Zahnarztpraxis in Erfahrung zu bringen:

- Warum möchte der Interessent Partner von TruDent werden?
- Welche Aus- und Weiterbildung wurden bisher durchgeführt bzw. absolviert?
- Wie lange besteht die Praxis?
- Welchen Praxisschwerpunkt hat der Interessent?
- Wie viele Mitarbeiter mit welcher Qualifikation sind in der Praxis vorhanden?
- Welche Schwächen weist die derzeitige Praxis auf?

Ebenfalls werden dem potentiellen FN die Erwartungen und Leistungsanforderungen einer TruDent Praxis näher gebracht.(100) Sofern die Erwartungen und Voraussetzungen des FNs mit dem Systemanforderungen des

TruDent Konzeptes übereinstimmen, kann der potentielle FN in das System integriert werden.

Die regelmäßige Fortbildung des Zahnarztes und des Praxisteams sind für TruDent Praxen obligatorisch und reichen über die gesetzlichen Vorschriften hinaus. Gemäß § 95 d Abs. VI SGB V ist jeder Vertragszahnarzt zur regelmäßigen Fortbildung verpflichtet. Innerhalb eines Fünfjahreszeitraums muss der Zahnarzt 125 Fortbildungspunkte nachweisen können. Als Maßeinheit gelten die Bewertungen der Bundeszahnärztekammer (BZÄK) und der Deutschen Gesellschaft für Zahn-, Mund- und Kieferheilkunde (DGZMK). (101) Ein FN der TruDent ist hingegen vertraglich dazu verpflichtet, jährlich 50 Fortbildungspunkte und demnach innerhalb eines Fünfjahreszeitraumes 250 Fortbildungspunkte zu erwerben. Die obligatorischen Fortbildungen schließen ebenfalls die Zahnmedizinische Fachassistentin und Zahnmedizinische Verwaltungsassistentin (jährlich 8 Fortbildungspunkte), sowie die Zahnarzthelferinnen (jährlich 5 Fortbildungspunkte) ein.(100)

Gemäß § 135a des SGB V ist jeder Leistungserbringer und somit auch der Vertragszahnarzt zur „Sicherung und Weiterentwicklung der Leistungsqualität und zur Einrichtung eines einrichtungsinternen Qualitätsmanagements“ verpflichtet. Die grundsätzlichen Mindestanforderungen definiert die Qualitätsmanagement-Richtlinie des GBA über die vertragszahnärztliche Versorgung, die zum 31.12.2006 in Kraft getreten ist. Der Gesetzgeber ermöglicht den Zahnarztpraxen einen Übergangszeitraum von vier Jahren, um das System vollends in den Praxisablauf zu integrieren. Dabei lässt die Richtlinie sowohl bestehende etablierte Qualitätsmanagement-Systeme zu als auch individuellen auf die Praxis zugeschnittene Systeme.(102) Allerdings beschreibt die Richtlinie ausschließlich die vom System zu erfassenden Bereiche, weder aber die Messung der Qualität noch den Maßstab von Qualität. Das Qualitätsmanagement der TruDent FN ist für alle Praxen identisch und vertraglich geregelt. Die zugrunde liegende ISO 9001:2000 ist eine international anerkannte Zertifizierung (der International Organization of Standardisation) und in vielen Branchen der freien Wirtschaft ein entscheidendes Qualitätsmerkmal. Alle FN sind zur Erfüllung der ISO 9001:2000 Norm verpflichtet. Praxen die keine ISO 9001:2000 Zertifizierung besitzen, können mit Hilfe des FGs an einer Gruppenzertifizierung teilnehmen, sofern sie den Anforderungen des TruDent Qualitätsmanagement-Handbuchs gerecht werden.

Die Überprüfung der Ergebnisqualität wird bei den FN der TruDent zudem durch das Check-Zahnarzt-System gesichert. Erfahrene niedergelassene Zahnärzte, die ebenfalls der TruDent angehören und bereits eine Zertifizierung nach ISO 9001:2000 besitzen, überprüfen den eintrittswilligen FN und seine Praxis. Geprüft werden die Behandlungsunterlagen sowie, die Einverständniserklärung des Patienten vorausgesetzt, die Diagnose und die Behandlung des Patienten. Eine Überprüfung der Einhaltung der Systemhandbuchgrundsätze sowie die Untersuchung von drei komplexen Behandlungsfällen[57] sollen zudem Aufschluss über die bestehende Ergebnisqualität und Systematik der Behandlung geben.(100) Ein weiterer Indikator für die Qualitätsführerschaft ist die von TruDent proklamierte sechsjährige Qualitätsgarantie auf prothetische Arbeiten und Inlays.[58] Damit übersteigt die Gewährleistung die gesetzlichen Vorgaben, welche auf zwei Jahre beschränkt sind, deutlich. Die Messung der Patientenzufriedenheit ist ebenfalls ein Bestandteil des TruDent Konzeptes. Dabei werden anonyme Fragebögen an die Patienten verteilt und an den FG retourniert. Die Ergebnisse werden den Praxen zur Verfügung gestellt und dienen als Indikator für etwaige Verbesserungspotentiale.

Weiterhin bieten TruDent Praxen seit dem 01.04.2007 den Versicherten der Techniker Krankenkasse ein sog. „Parodontitis-Präventions-Programm" an. Dieses beidseitig exklusive Programm basiert auf der ge-

---

[57] Dies betrifft insbesondere komplexe Sanierungslösungen.

[58] Die Gewährleistung bezieht sich auf Funktionen und Ästhetik der von der Praxis gefertigten Kronen, Inlays, Brücken und kombinierten Arbeiten. Sie umfasst notwendige Nachbesserung oder Neuanfertigung in derselben Praxis. Die Garantie umfasst keine Kunststoffteile.

setzlichen Grundlage des § 73 c des SGB V, welches es gesetzlichen Krankenkassen und Leistungsanbietern ermöglicht, Sonderverträge zu schließen. Der Vertag beinhaltet fest definierte Leistungsstufen, die in vier Prozessschritte gegliedert sind:

1. Parodontitis-Prävention 1
   (einmalige Auftaktmaßnahme, Erfassung des Mundhygienestatus)
2. Parodontitis-Prävention 2
   (halbjährliche Belagentfernung, Politur und Flouridierung)
3. Parodontitis-Prävention 3
   (nach Bedarf jährliche, Compliance- und Hygieneberatung)
4. EVAL
   (jährliche Erfassung des Mundhygienestatus)

Das Programm gewährt den Versicherten der Techniker Krankenkasse einen Zuschuss von 50% für Maßnahmen der Parodontitis Prävention. Diese Leistungen müssen gesetzlich versicherte Patienten ansonsten zu 100% selbst finanzieren. Diesen Zuschuss erhalten die Patienten jedoch ausschließlich bei einem TruDent Zahnarzt.(103)

Die in München ansässige smilecare GmbH (smilecare) wurde 2002 gegründet. Derzeit existieren zwei Praxen in Deutschland (München und Düsseldorf) sowie je eine Praxis in Österreich (Salzburg) und in der Schweiz (Zürich). Das smilecare Konzept ist auf den Aufbau eines Prophylaxe- und Ästhetik-Centers fokussiert und beinhaltet demnach nicht die gesetzliche zahnärztliche Versorgung. Alle Leistungen des smilecare Konzeptes beziehen sich auf selbstzahlende Leistungen der Patienten. Der FN ist bei der Preisfindung und bei Behandlungsmethoden an das smilecare Konzept gebunden. Der FG bietet seinen FN Seminare und Fortbildungen zur ästhetischen Zahnmedizin an. Ein wesentlicher Bestandteil des smilecare Konzeptes ist der Vertrieb von smilecare- Produkten zur Verschönerung der Zähne. Das Unternehmen versucht, sich als erste Marke für die kosmetische Zahnmedizin in Europa zu etablieren. Das Leistungsspektrum der smilecare Center umfasst:

- Prophylaxemaßnahmen
- In-Office Bleaching
- Home Bleaching
- Veneers
- kosmetische Zahnfleischkorrektur
- Bonding[59]
- Mikroabrasion[60]
- Zahnschmuck
- Korrektur von Zahnfehlstellungen

Das smilecare-Konzept ermöglicht es den Patienten, individuelle Termine zu vereinbaren und Wartezeiten auszuschließen.(104) Deutlich wird die strategische Ausrichtung der Unternehmung im Markt für kosmetische Zahnheilkunde durch die Aussage: „smilecare schafft durch Werbung die Begehrlichkeit nach gesunden und schönen Zähnen“ und „smilecare isoliert die ästhetische Zahnmedizin vom „normalen“ Zahnarztbesuch“. Das Angebot einer Kundenhotline und einer Recall-Funktion zur Kundenbindung, sowie dem Vertrieb von Zahnweißprodukten für Patienten und die offensive Präsentation in der Publikumspresse lassen auf die kaufmännische Ausrichtung der Franchiseidee schließen. (105) Obwohl bei der Beantwortung des Fragebogens von smilecare angegeben wurde, dass ein einheitliches Erscheinungsbild der FN vorgesehen ist und dem Patienten Fi-

[59] Verfahren zur kosmetischen Korrektur von Frontzähnen mit adhäsivem Harz. Mit Bondings kann man abgesplitterten Zahnschmelz auffüllen, kleine Ecken ansetzen und die Zahnfarbe verbessern.

[60] Spezielle chemisch-physikalische Methode zur dauerhaften Entfernung von Zahnverfärbung im äußeren Zahnschmelzbereich.

nanzierungshilfen angeboten werden, konnte dies bei der Analyse der FG Homepage und der Homepages der FN nicht festgestellt werden. Zudem wurde im Fragebogen mitgeteilt, dass 1-2 jährlich Schulungen durchgeführt werden. Der Bereich der Seminarangebote auf der Homepage der smilecare besagt jedoch:

> „Im Jahr 2007 finden leider keine Seminare von smilecare statt. Sobald die Terminplanung für das Jahr 2008 abgeschlossen ist, werden wir Sie an dieser Stelle wieder informieren." (105) (Stand 05.10.2008)

Diese Aussage deutet daraufhin, dass das Unternehmen seine Homepage nicht aktiv pflegt und somit sein angestrebtes Ziel von 30 FN im Jahr 2010 und 100 FN im Jahr 2015 nicht online forciert. Potentielle FN können der Homepage keine weiteren Konzeptdetails entnehmen.

Die goDentis GmbH, eine 100 prozentige Tochter der Deutschen Krankenversicherung AG (DKV), ist der größte FG in der zahnärztlichen Versorgung. Das 2004 gegründete Unternehmen verzeichnet derzeit 350 FN. Die goDentis Idee basiert auf einem Prophylaxekonzept und offeriert somit Teilleistungen aus der zahnärztlichen Praxis. Das goDentis Konzept fokussiert erwartungsgemäß auf Privatpatienten und zahlungskräftige Selbstzahler. (106)

Das Prophylaxekonzept ist systematisch aufgebaut und ein wesentlicher Bestandteil der Franchiseidee. Jeder goDentis Patient wird in fünf definierten Prozessschritten untersucht und behandelt:

1. Eingangsuntersuchung
2. SCAN
3. CARE
4. CARE II
5. SCANplus

Inhaltlich umfassen die Prozessschritte zunächst eine Zahn- und Mundraumuntersuchung durch den Zahnarzt (Eingangsuntersuchung). Danach erfolgt eine 70 minütige SCAN Untersuchung, die folgende Prozessschritte umfasst:

- Erläuterung der Vorgehensweise
- Erhebung der wichtigsten Messdaten
- Risikoanalyse für die Parodontitis (Zahnbetterkrankung)
- Zahnreinigung
- Fluoridierung
- Tipps zur optimalen Zahnpflege Zuhause
- Abschlussgespräch
- Terminempfehlung für die nächste Prophylaxe

Im Anschluss an der SCAN Untersuchung erfolgt ein zweiter 30-60 minütiger Termin (CARE), der eine Wiederholung der Prophylaxeschritte vorsieht:

- Erhebung der wichtigsten Messdaten
- Nachreinigung der Zähne
- Fluoridierung
- Tipps zur Zahnpflege zu Hause
- Vergleich der Messdaten zum vorherigen Termin
- Terminempfehlung für die nächste Prophylaxe

Die Terminierung der CARE-Untersuchung wird individuell mit dem Patienten vorgenommen.

Sofern der Mundgesundheitsstatus des Patienten und die Messdaten es erfordern, ist ein dritter Termin vorgesehen, der ebenfalls die bekannten Prozessschritte umfasst:

- Erhebung der wichtigsten Messdaten
- Risikoanalyse für die Parodontitis (Zahnbetterkrankung)/ Vergleich mit Daten aus 2. SCAN
- Zahnreinigung
- Fluoridierung
- Tipps zur optimalen Zahnpflege Zuhause
- Abschlussgespräch
- Terminempfehlung für die nächste Prophylaxe

Die Behandlungsschritte 1-4 sind gemäß des Franchisekonzeptes innerhalb von 12 Monaten durchzuführen. Zwölf Monate nach der Erstuntersuchung ist der SCANplus Termin vorgesehen, der erneut die bekannten Prozessschritte der prophylaktischen Zahnreinigung vorsieht:

- Erhebung der wichtigsten zahnärztlich relevanten Messdaten
- Risikoanalyse für die Parodontitis (Zahnbetterkrankung)/ Vergleich mit Daten aus 2. SCAN
- Zahnreinigung
- Fluoridierung
- Tipps zur optimalen Zahnpflege zu Hause
- Abschlussgespräch
- Terminempfehlung für die nächste Prophylaxe

Dieses Konzept ermöglicht es den Zahnärzten, bis zu vier Mal im Jahr eine private Leistung bei den Patienten abzurechnen, wobei die einzelnen Prozesse der Behandlungsschritte sich im Wesentlichen wiederholen. Die Vorteile des Konzeptes sind gemäß der goDentis Homepage folgende:

- Qualitätssicherung: Standardisierung der Schritte auf höchstem fachlichen Niveau
- Absolut verständliche Patienteninformation durch individuelle Medien
- Risikoanalyse unter Berücksichtigung aktueller und wissenschaftlich fundierter Kriterien
- Damit hohe Wahrscheinlichkeit, dass Prophylaxemaßnahmen erfolgreich sind
- Damit auch hohe Wahrscheinlichkeit, dass häufig die eigenen Zähne ein Leben lang erhalten werden können

Durch die Kooperation mit der DKV wird den FN der Zugang zu Privatpatienten erleichtert, da die DKV über drei Millionen Privatpatienten verfügt. Ebenfalls bietet die DKV eine Zahnprophylaxe-Versicherung OPTIDENT O1D an, die gesetzlich versicherten Patienten zur Verfügung steht.

Diese Zusatzversicherung umfasst auch Leistungen der professionellen Zahnreinigung eines teilnehmenden goDentis Zahnarztes (107).[61]

Alle FN müssen durch den standardisierten Prophylaxeablauf einen einheitlichen Behandlungsablauf und ein einheitliches Erscheinungsbild vorweisen. Folglich erfordert die Teilnahme an dem Konzept sowohl Initialinvestitionen für Untersuchungsgeräte als auch die Aufwendungen für permanente Kosten der Gebrauchs- und Verbrauchsmaterialien. Weder die Eingangsinvestition, noch die laufenden Kosten des Konzeptes werden auf der goDentis Homepage spezifiziert. Ebenfalls wird dem FN im Franchisevertrag empfohlen, mit den vorgegebenen Dentallaboren und Anbietern des goDentis Konzeptes zusammenzuarbeiten. Die Gebühren für die Prophylaxemaßnahmen werden nicht vom FG vorgeschrieben. Allerdings wird dem FN in dem Franchisevertrag vermittelt, dass die Preise als „unverbindliche Kalkulationshilfen herauszuheben sind, die die betriebswirtschaftliche Notwendigkeit widerspiegeln". Der FN und bis zu vier Praxisangestellte werden zu Vertragsbeginn in das Schulungscenter in Köln eingeladen und in einer eintägigen Schulung über das goDentis Konzept informiert.(108) Als Voraussetzung für die Teilnahme an dem Franchisesystem müssen die potentiellen FN mehrjährige Erfahrung in der Zahnarztprophylaxe, fortgebildete Mitarbeiter, eine eigene Prophylaxeeinheit und ein eigenes Recallsystem zur Kundenbindung vorweisen können.(109)

Die Dental Business Franchise Consult GmbH (DBFC) ist ein im Jahr 2007 gegründetes Unternehmen mit Firmensitz in Berlin. Es verfügt bereits über 20 potentielle FN und plant den Start des Konzeptes im 4. Quartal 2008.[62]

Das DBFC bietet den FN eine ganzheitliche interne Praxiskonzeption und Beratung die folgendes Leistungsspektrum umfasst:

---

[61] Eine 30jährige weibliche Person zahlt für diese Versicherung einen monatlichen Beitrag von 19,33 Euro, eine gleichaltrige männliche Person 17,04 Euro. Bei 50jährigen beträgt der monatliche Beitrag 23,25 Euro (weiblich) und 21,62 Euro (männlich) (106). (Stand 11.10.2008)

[62] Stand August 2008

- Marketing und Öffentlichkeitsarbeit
  (Entwicklung von Strategien zur Patientenbindung und Patientengewinnung, Kontakte und Präsenz bei Patientenvereinigungen und Netzwerken)
- Qualitätsmanagement
  (Implementierung eines Qualitätsmanagement Systems und Zertifizierung gemäß ISO 9001:2000)
- Aus- & Fortbildung
  (Angebot von Schulungsmaßnahmen für den teilnehmenden Zahnarzt und das Praxisteam)
- Personalmanagement
  (Hilfe bei Personalrekrutierung und Integration in eine Personalbörse)
- Recht
  (Bereitstellung von Rechtberatung durch den FG insbesondere zur Prüfung bestehende Verträge oder zukünftiger Rechtstreitigkeiten in den Bereichen Arbeitsrecht, Vertragsrecht, Medizinrecht etc.)
- Steuerberatung
  (Anteilige Steuerberaterunabhängige Übernahme von Steuerberatung, Lohnbuchhaltung, Erstellung der Einkommenssteuererklärung)
- Controlling und Benchmarking
  (Vergleiche der Leistung mit den Leistungszielen, Praxisvergleiche, betriebswirtschaftliches Coaching)
- Abrechnungen
  (Schulungen der Praxisteams vor Ort zur Verbesserung und Optimierung der Abrechnungssysteme)
- Factoring
  (Koordination des Forderungsmanagements, Bonitätsprüfungen, Patiententeilzahlung etc.)
- Verwaltung und Management
  (Entwicklung von Modellen zur Integrierten Versorgung, Rahmenverträge mit Leistungsträgern)

- Immobilien/Architekten
  (Beratung und Analyse des Standortes und Empfehlungen für Neugründung oder Umbaumaßnahmen in der Praxis)

Die Leistungen des FG beziehen sich jedoch ausschließlich auf die Verbesserung der internen Abläufe und beschreiben zunächst Beratungsbereiche, in denen der FG seine FN betreut. Spezielle Konzepte für die zahnärztliche Versorgung werden nicht angeboten. Ferner kann ein potentieller FN von der Homepage keine Auskunft darüber erhalten, welchen Markenauftritt das Konzept verfolgt. Auf Anfrage nach Referenzpraxen wurden keine Standorte genannt, die bereits DBFC FN sind.

Für die Darstellung der MC Zahn AG wurde ebenfalls auf die online zur Verfügung gestellten Informationen zurückgegriffen. Die Angaben der MC Zahn AG müssen jedoch seit Anfang Oktober 2008 gesondert betrachtet werden, da das Unternehmen Ende September Insolvenz angemeldet hat (110). Die Zahlungsunfähigkeit des Unternehmens sowie der Vorwurf des Betruges und der Urkundenfälschung im August 2007 (111),[63] trugen dazu bei, dass das Konzept des Unternehmens in der Öffentlichkeit stark diskutiert wurde und somit eine Vielzahl an Sekundärinformationen vorlagen, auf die ebenfalls zurückgegriffen wurde. Die MC Zahn AG verfolgt ein Konzept, in dem der Patient „Zahnersatz zum Nulltarif" erhalten soll. Alle MC Zahn FN sind vertraglich dazu verpflichtet, den Zahnersatz über ein Partnerunternehmen (Silverline-Dental) zu beziehen. Dieses Unternehmen bietet den Zahnersatz zu besonders günstigen Preisen an, da die Fertigung der Produkte in Asien vorgenommen wird (111). Dadurch liegen die Kosten für den Zahnersatz in der Regel unter dem befundorientierten Festzu-

[63] Der Vorwurf des Betruges und der Urkundenfälschung bezieht sich auf die Annahme, dass die MC Zahn AG Zertifizierungsurkunden des Zahnersatzes gefälscht hat. MC Zahn soll dann die Schriftstücke als Originalzertifikat den Krankenkassen haben. Damit wurde der Zahnersatz zu regulären Gebühren ersetzt, obwohl nur zertifizierter Zahnersatz bei der Kasse eingereicht werden kann. Dadurch soll ein Schaden von bis zu 860.000 Euro entstanden sein. (118)

schuss der Krankenkasse, so dass der Patient keine Eigenleistung erbringen muss. Die potentiellen FN erhalten nach einmaliger Zahlung eine fertig eingerichtete Zahnarztpraxis und leisten zudem monatlich 45% honorarbezogene Leistungen an den FG. (112) (113) 2006 eröffnete die erste MC Zahn Praxis. Zum damaligen Zeitpunkt wollte der FG bis Ende 2010 noch 400 FN für das Konzept gewinnen.(114) Per August 2008 waren jedoch erst sieben Praxen unter der Marke MC Zahn vereint. Es ist zu vermuten, dass das Konzept aufgrund seiner kritischen finanziellen Lage nicht mehr lange am Markt positioniert sein wird.

9.2. Leistungsvergleich der Franchisekonzeptionen

Von den fünf betrachteten Franchisesystemen haben vier FG (TruDent, Smilecare, goDentis und DBFC) den Fragebogen zur Selbstauskunft ausgefüllt, was einer Rücklaufquote von 80% entspricht. Für den Vergleich der fünf Franchisesysteme wurden zunächst die Fragebögen der einzelnen Systeme ausgewertet. Die folgende Abbildung fasst die wesentlichen Angaben, die von den FGn durch den Fragebogen gemacht wurden, zusammen.

Abbildung 12: Deutsche Franchisesysteme der zahnärztlichen Versorgung im Vergleich

Firmenname	TruDent	Smilecare	Godentis	DBFC Dental Business Franchise Consult
Unternehmensdaten				
Gesellschaftsform	AG	GmbH	GmbH	GmbH
Gründungsjahr	1999	2002	2004	2007
Anzahl FN	29	1	350	20
Systemumsatz	k.A.	k.A.	k.A.	k.A.
Vetragsbedingungen				
Systemzugangs-gebühr	3.500 €	7.600 €	0	ab 10.000 €
Laufende Gebühren	monatlich 390€ - 490€	8-9 % vom monatlichen Umsatz	monatlich 299 €	ab 3% vom monatlichen Umsatz
min. Vetragslaufzeit	3 Jahre	3 Jahre	1 Jahr	3 Jahre
Kündigungsfristen	6 Monate zum Vetragsende	3 Monate zum Vetragsende	3 Monate zum Vetragsende	6 Monate zum Vetragsende
Standortschutz	nein	ja	ja	ja
einheitliches Erscheinungsbild der Praxen	nein	ja	ja	ja

Anforderungen an den Franchisenehmer (FN)				
Approbierter Zahnarzt	ja	nein	nein	ja
Freie Standortwahl	ja	nein	ja	ja
Sonstige Vorraussetzung	ISO 9001 Zertifiziert/ oder Einführung eines QM Systems	Offenheit für Marektingmaßnahmen	k.A.	k.A.
Leistungen des Franchsisegeber				
Einführungs-schulung	ja	ja	ja	ja
laufende Schulungen	1-2 per anno	1-2 per anno	ja (keine Angaben zur Häufigkeit)	min. 5-6 per anno
persönliche Betreuung vor Ort	ja	ja	ja	ja
Finanzierungs-beratung für den FN	nein	ja	nein	ja
Finanzierungs-hilfen für den FN	nein	ja	nein	ja
Regelmäßige Marktbeobachtung	ja	ja	ja	ja
Buchhaltung	nein	nein	ja	nein
Terminorganisation	nein	ja	nein	ja
Personalauswahl	ja	ja	nein	nein
Lohnabrechnung	nein	nein	ja	nein
Kundenstammpflege	nein	ja	ja	ja
Marketingmaß-nahmen	ja	ja	ja	ja
Materialbeschaffung	ja	ja	ja	ja
Kooperation mit Krankenkassen	ja (Techniker Krankenkasse)	in Planung	ja (DKV/ERGO)	nein
Patientennutzen				
Erhält der Patient eine bessere Versorgung?	ja	ja	k.A.	k.A.
Ist die Versorgung bei gleichbleibender Qualität kostengüntiger?	nein	nein	k.A.	k.A.
Bekommt der Patient schneller Termine?	k.A.	ja	k.A.	k.A.
Kann der Patient auf längere Öffnungszeiten zurckgreifen?	k.A.	ja	k.A.	k.A.
Kann der Patient auf Finanzierungs-möglichkeiten zurück greifen?	ja	ja	k.A.	k.A.

Quelle: Eigene Darstellung, 2008

Der Vergleich der im Fragebogens gemachten eigenen Angaben mit denen auf den Homepages der FG zeigt deutlich die unterschiedlichen Positionierungen der Franchisekonzepte. Für den direkten Vergleich der Angaben wurden zunächst zwei Positionierungsdimensionen festgelegt. Unter der Preisführerschaft ist ein Ansatz zu verstehen, das versucht, sich durch den günstigsten Preis am Markt zu positionieren. Dieser Position steht die Qualitätsführerschaft entgegen, die primär eine hochwertige zahnärztliche Versorgung im Rahmen des oder über den gesetzlichen Leistungskatalog hinaus vorsieht. Ob sich das Franchiseangebot auf den gesamten Leistungskatalog der zahnärztlichen Versorgung oder einen Teilbereich bezieht, zeigt die horizontale Ebene des Koordinatenkreuzes.

Abbildung 13: Positionierung der Franchisesysteme in der zahnärztlichen Versorgung

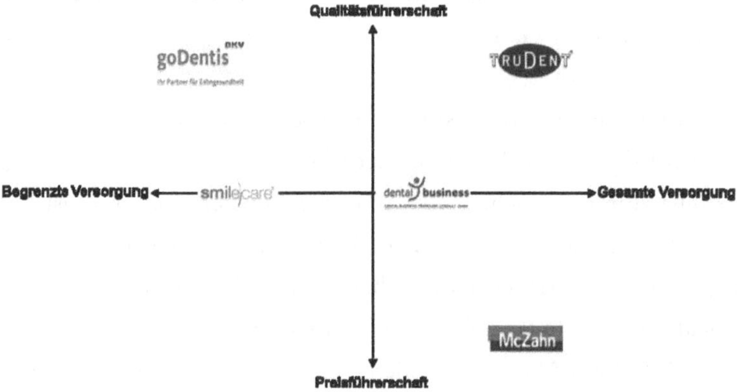

Quelle: Eigene Darstellung, 2008

Da das Konzept von TruDent die gesamte zahnärztliche Versorgung des gesetzlichen Leistungskataloges sowie ein zusätzliches Prophylaxekonzept beinhaltet, weist das Unternehmen auch das breiteste Leistungsspektrum auf. Die inhaltliche und konzeptionelle Darstellung des hohen Qualitätsniveaus teilnehmender FN sowie die Funktion eines internen Check-Zahnarztes und Patientenbefragungen als Instrument der Qualitätskontrolle, bestätigen den Anspruch der Qualitätsführerschaft. Ebenfalls qualitätsorientiert stellt sich die goDentis GmbH dar. Durch die Standardisierung der Prozesse und einheitliche Versorgungsschritte mit identischen Materialien und Instrumenten wird ein hohes Qualitätsniveau angestrebt. Das Leistungsspektrum bezieht sich jedoch nicht auf die ganzheitliche zahnärztliche Versorgung, sondern ausschließlich auf den Bereich der Prophylaxe und somit nicht auf den gesetzlichen Leistungskatalog.

Die smilecare GmbH deckt durch die Konzentration auf die kosmetische Zahnmedizin, ebenfalls nur ein begrenztes Leistungsspektrum ab. Zwar gab die smilecare GmbH im Fragebogen an, dass der Patient eine bessere Versorgung erhält, jedoch konnte kein Ansatz von Qualitätsmanagement oder besonders herausragender qualitativer Versorgung festgestellt werden, so dass nicht von einer angestrebten Positionierung als Qualitätsführer ausgegangen werden kann.

Eine Zuordnung der DBFC ist kaum möglich, da alle vorliegenden Unterlagen sich lediglich auf die interne betriebswirtschaftliche Optimierung einer Zahnarztpraxis beziehen. Die Außenwirkung des Konzeptes ist hingegen nicht ersichtlich. Da jedoch die betriebswirtschaftliche Optimierung den gesamte Zahnarztbereich einschließt, kann die DBFC tendenziell im ganzheitlichen Leistungsspektrum angeordnet werden. Die Außendarstellung der MC Zahn AG und auch deren interne Prozesse sind eindeutig auf eine Preisführerschaft am Markt ausgerichtet. Die kostenorientierte Beschaffung der Materialien und die Kommunikation des Unternehmens unterstreichen die These. Dabei setzt MC Zahn auf den Leistungskatalog der gesetzlich versicherten Patienten.

10. Diskussion

Bei der Fragestellung der Möglichkeiten und Grenzen von Franchisesystemen ist vorab zu prüfen, ob es sich bei den vorliegenden fünf Konzepten um Franchising im Sinne des theoretischen Ansatzes handelt. Dabei wird zunächst die Typologie der möglichen Franchisesysteme betrachtet. Die zahnärztliche Versorgung zeigt deutlich die bereits beschriebenen Charakteristika eines Dienstleistungsfranchisings. Die Tätigkeit des Zahnarztes und seines Praxisteams unterstreichen, dass die notwendigen Kriterien einer Dienstleistung erfüllt sind.

1. Die Tätigkeit des Zahnarztes ist nicht greifbar.[64]
   (Immaterialität des Leistungsangebotes)[65]
2. Die Leistungserstellung (Behandlung) erfolgt dann, wenn der Patient eine Behandlung benötigt oder der Zahnarzt feststellt, dass eine Behandlung notwendig ist. Die Tätigkeit des Zahnarztes kann somit nicht auf Vorrat produziert werden.
   (Simultaneität von Produktion und Absatz)[66]
3. Die Integration des Patienten in die Behandlung ist essentiell und die fachliche und soziale Kompetenz des behandelnden Zahnarztes sind ausschlaggebend für die Dienstleistungsqualität.
   (Notwendigkeit der Integration des externen Faktors)[67]

Dadurch sind die Kriterien der Dienstleistung erfüllt. Weiterhin ist zu hinterfragen, ob die analysierten Franchisekonzepte die sechs franchisespezifischen Merkmale[68] erfüllen.

---

[64] Zwar ist das Leistungsergebnis (Kronen, Implantate, Inlays) greifbar, aber die tatsächlich verrichtete Arbeit nicht.

[65] Vgl. 6.4

[66] Vgl. 6.4

[67] Vgl. 6.4

[68] Vgl. 6.2

1. Alle untersuchten Systeme basieren auf einem Vertrag
2. Alle Konzepte betonen die rechtliche Selbständigkeit der Zahnärzte/Zahnarztpraxen
3. Alle Systeme heben die unternehmerische Selbständigkeit hervor
4. Jeder Anbieter räumt das Recht zur Nutzung des Systems ein
5. Jedes Systems lässt eine Weisungs- und Kontrollrecht durch den FG erkennen.
6. Der Einsatz von Kapital durch den FN ist bei jedem Konzept notwendig

Im Rückblick auf die detailliert beschriebenen Konzepte ist zu schließen, dass alle fünf Konzepte als Franchisesysteme im weiteren Sinne bezeichnet werden können. Allerdings erfordert das Franchising im engeren Sinne ein Konzept, das drei Anforderungen Stand halten muss. Das Konzept muss genau definiert und beschrieben sein (identifiziert), die Inhalte des Konzeptes dürfen nicht allgemein zugänglich sein (geheim) und durch die Inhalte und Ausübung des Konzeptes soll dem FN ein Wettbewerbsvorteil entstehen (wesentlich).[69] Diese Kriterien sind in zwei von fünf Franchisesystemen im Wesentlichen erfüllt. Nur TruDent und goDentis verfügen über einsehbare Franchisehandbücher sowie schriftliche Unternehmenskonzepte und bieten ein Know-how, das Zahnärzten ohne Teilnahme am Franchisesystem nicht zur Verfügung steht. Ob diese Systeme tatsächlich einen Wettbewerbsvorteil bieten, kann im Rahmen der vorliegenden Arbeit jedoch nicht geprüft werden. Dass umgekehrt MC Zahn den teilnehmenden FN nachweislich einen Nachteil verschafft hat, zeigt die öffentliche Diskussion des Unternehmens und die Tatsache, dass Patienten teilweise Monate auf ihren Zahnersatz warten mussten, da interne Probleme die zügige Versorgung verhinderten.(115)

---

[69] Vgl. Seite 26

Generell beeinflusst das Vertriebssystem Franchising die unternehmerische Ausrichtung des FNs und erfordert hinsichtlich der Grundkonzeption ein gewisses Maß an Standardisierung. Aus diesem Grund sind die Eigenschaften des Vertriebssystems und die Auswirkungen hinsichtlich der Vereinbarkeit mit der zahnärztlichen Versorgung zu prüfen. Durch die unternehmerische Ausrichtung des Systems erhält der Zahnarzt einen zusätzlichen betriebswirtschaftlichen Blickwinkel seiner Tätigkeit. Das System sieht eine eindeutige Trennung von Kernkompetenzen vor und ermöglicht es somit dem Zahnarzt, mehr Zeit mit der Patientenversorgung zu verbringen. Gleichzeitig besteht jedoch die Gefahr, dass der Zahnarzt seine Handlungen und Leistungen primär an wirtschaftlichen Ergebnissen ausrichtet, anstatt an den Patientenbedürfnissen. Allerdings ist die Forderung nach Wirtschaftlichkeit eine der wesentlichen Forderungen der deutschen Gesundheitspolitik, so dass man in Zukunft davon ausgehen kann, dass die Abwägung von Kosten und Nutzen generell in der Versorgung noch stärker Einzug halten wird. Somit kann ein Franchisesystem einen standardisierten Rahmen für wirtschaftliches Handeln in der zahnärztlichen Versorgung ermöglichen. Entscheidend für das Ausmaß und die Balance zwischen Wirtschaftlichkeit und medizinischer Notwendigkeit ist die inhaltliche Ausrichtung des Franchisekonzeptes, deren Bewertung nur unter Berücksichtigung der Patientenperspektive vorgenommen werden kann. Bislang werden Franchisesysteme rein betriebswirtschaftlich beurteilt, und die Bewertung von Franchisesystemen gemäß dem Ethikkodex des DFV betrifft ausschließlich das Innenverhältnis von FG und FN. Bei der Beurteilung von Franchisesystemen in der zahnärztlichen Versorgung, aber nicht nur dort, ist es jedoch zusätzlich notwendig, das externe Verhältnis vom FN zum Patienten zu beurteilen, weil dem Patienten im Allgemeinen die Kenntnisse fehlen, um die Dienstleistung seines Zahnarztes bewerten zu können. Allerdings ist der Gesundheitsmarkt generell, wie auch der Markt der zahnärztlichen Versorgung, nicht mit einem freien Markt von Konsumgütern und Dienstleistungen vergleichbar. Denn im Markt der zahnärztlichen Versorgung im engeren Sinne[70] liegt keine freiwillige Austauschbeziehung vor. Der Patient sucht in der Regel den Zahnarzt auf, wenn er eine akute Behandlung benötigt oder eine Vorsorgebehandlung in Anspruch nehmen möchte. Zudem ist das Wissensgefälle zwischen Leistungserbringer und Leistungsempfänger generell bei Gesundheitsprodukten stärker ausgeprägt als bei anderen Gütern und Dienstleistungen. Der Markt der gesetzlichen Versorgung ist kein Markt, in dem Angebot und Nachfrage den Preis der Dienstleistung regulieren. Deshalb sollte der Zahnarzt in seiner Funktion als Heilberufler auch nicht das primäre Ziel der Gewinnmaximierung anstreben, obgleich dieses Verhalten auf freien Märkten üblich ist. Es wird deutlich, dass die Besonderheiten der zahnärztlichen Versorgung zusätzliche Kriterien bei der Beurteilung von Franchisesystemen erfordern. Neben einer betriebswirtschaftlichen und ethischen Beurteilung im Innenverhältnis des Franchisesystems ist es notwendig, auch versorgungs- und patientenrelevante Kriterien im Außenverhältnis zu berücksichtigen und zu bewerten, damit dem Patienten eine Orientierung ermöglicht wird.. Dafür bedarf es einer unabhängigen Instanz, die es erlaubt, die Leistungen des Franchisesystems zu überprüfen. Gleichwohl kann aber auch ein FG dieser Forderung gerecht werden, indem er sich selbst Kontrollen auferlegt und seine Kunden befragt. Dabei stellt der FG zwar keine unabhängige Instanz dar, aber er legt die Ergebnisse und Prozesse der Beurteilung offen zu legen und ist damit auch nach außen transparent.

Ein Franchisesystem basiert vor allem auf der Standardisierung von Prozessen. Erst diese Standardisierung ermöglicht es, die Dienstleistungen zu multiplizieren und dabei eine gleichwertige Leistung anbieten zu können. Die Reproduktion einer gleichbleibenden Dienstleistung ist demnach der wesentliche Bestandteil des Markterfolges. Dienstleistungsqualität ist stark abhängig vom Dienstleister, und Vertrauen ist bei der Dienstleistung essentiell. Franchising kann Vertrauen in ein Gesamtsystem etablieren und

[70] Ausgenommen ist die ästhetische Zahnheilkunde.

dadurch eine erfolgreiche Marke am Markt positionieren. Die Standardisierung des Franchisings gewährleistet somit eine gleichbleibende Qualität innerhalb des Systems. Je nach Definition der Qualität kann auch eine hochwertige Versorgung sichergestellt werden. Allerdings ist die Umsetzung von standardisierter Dienstleistung eine besondere Herausforderung. Speziell in der medizinischen Versorgung ist es schwer möglich, einen standardisierten Prozessablauf durchzuführen, da der Ausgangspunkt der Dienstleistung der Gesundheitszustand des Patienten und dieser individuell wie der Mensch selbst ist. Modulsysteme sollen deshalb ermöglichen, den individuellen Ansprüchen und Kundenwünschen gerecht zu werden. Der zahnärztlichen Versorgung liegen jedoch primär keine Kundenwünsche zu Grunde, sondern medizinische Notwendigkeiten, so dass das Franchisesystem ausreichend Freiraum lassen muss, damit trotz Standardisierung auf die Besonderheiten einzelner Patienten Rücksicht genommen werden kann. Dieser Raum für eine individuelle Behandlung wird in den meisten Fällen zu Lasten der Wirtschaftlichkeit gehen. Es muss aber für den FN nicht zuletzt aus ethischen Erwägungen möglich sein, dies für sich in Anspruch zu nehmen.

Aus Sicht eines Zahnarztes können verschiedene Faktoren den Wunsch verstärken, einem Franchisesystem beizutreten. Zunächst können wirtschaftliche Aspekt zu einem Systembeitritt führen. Fremdlabor- und Materialkosten stellen ca. 37% des Ausgabevolumens einer Zahnarztpraxis dar.[71] Durch den Beitritt in ein Franchisesystem können Einkaufsvorteile entstehen, die eine einzelne Praxis nicht generieren kann. Zwar kann dieser Einkaufsvorteil ebenfalls von Einkaufsgemeinschaften erwirtschaftet werden, allerdings kann ein einheitliches Franchisesystem eine größere Marktmacht auf den Lieferanten ausüben. Wenn man die Ausgaben für Neugründungen einer Zahnarztpraxis betrachtet (durchschnittlich ca. 316.000 Euro), so wird deutlich, dass der Aufwand für medizinisch technische Geräte mit

[71] Vgl. Seite 23

65% der bedeutendste Kostenfaktor ist.[72] Eine mögliche Kostenreduktion durch die Einkaufsmacht eines Franchisesystems kann ein Entscheidungsgrund für Praxisneugründer sein, an einem Franchisesystem teilzunehmen. Auswertungen haben gezeigt, dass insbesondere jüngere Zahnärzte den Beitritt in eine Gemeinschaftspraxis vorziehen.[73] Dies kann damit zusammenhängen, dass der bereits bestehende Kundenstamm eine größere Sicherheit bietet, sich in einem Markt zu etablieren und von dem Image der anderen Zahnärzte zu profitieren. Ebenso ist es neuen FN möglich, vom Image des Systems zu profitieren. Sofern sich das Franchisesystem bereits im Markt etabliert hat, können gerade junge Zahnärzte durch die Marke einen Vertrauensvorsprung beim Patienten erhalten.

Gleichsam birgt der Beitritt ebenfalls ein Risiko. Wenn das Franchisesystem einen Imageschaden erleidet, so ist jeder einzelne FN betroffen. Deshalb ist es wichtig, dass sich der potentielle Zahnarzt detailliert informiert, wofür das System und dessen Leistung stehen und welche Maßnahmen das System zum Erhalt der Ansprüche vornimmt.

Durch die Konsolidierung der Leistungsträger entsteht im Gesundheitswesen ein Ungleichgewicht zwischen diesen und den Leistungserbringern. Franchising ermöglicht es den teilnehmenden Zahnärzten, als Partner ihre Interessen stärker gegenüber den Leistungsträgern zu formulieren und durchzusetzen. Je größer das Franchisesystem, desto höher ist die Chance, dass die einzelne Praxis von bestimmten Versorgungsverträgen profitiert. Eine einzelne Zahnarztpraxis kann dies nicht leisten. Dennoch wird der Zahnarzt einen Teil seiner Entscheidungen und Arbeitsweisen systemkonform anpassen müssen. Er wird dadurch ein Stück seiner freiberuflichen Entscheidung für die Standardisierung aufgeben. Außerdem erhält er die wirtschaftlichen und immateriellen Vorteile nur gegen eine monatliche Gebühr. Diese Gebühr sollte naturgemäß unter dem Mehrwert liegen, den er durch das System generiert, da die Integration in das Franchisesystem sonst

---

[72] Vgl. Seite 26

[73] Vgl. Seite 24 ff.

keinen Vorteil schafft. In den meisten Fällen verlangt der Beitritt auch eine Systemeintrittsgebühr. An dieser Stelle muss der potentielle FN die zukünftigen zusätzlichen systembedingten Erträge seiner Praxis diskontieren und der Systemeintrittsgebühr sowie den monatlichen Gebühren gegenüberstellen. Nur dadurch ist es möglich, den reellen Mehrwert des Systembeitritts zu ermitteln. Die Darstellung der bestehenden Franchisesysteme verdeutlicht zudem, dass eine allgemeine Beurteilung der Vertriebsform Franchising nicht möglich ist, da die Gestaltung und Erscheinungsform im engen Zusammenhang mit dem Konzept der verschiedenen Unternehmen zusammenhängen. Deshalb kann die Beurteilung, ob sich das Franchising für die zahnärztliche Versorgung eignet oder nicht, immer nur konzeptindividuell vorgenommen werden.

11. Literaturverzeichnis

1. **Deutscher Franchise Verband e.V.** *Franchising mit starken Partnern gemeinsam ins Ziel.* 2007.

2. **Perlitz, U.** Franchising in Deutschland wird erwachsen. Frankfurt am Main : Deutsche Bank Research, 27. 11 2007.

3. **Bundesregierung.** Gesundheitsreform. *www.bundesregierung.de.* [Online] [Zitat vom: 12. 05 2008.] http://www.bundesregierung.de/Content/DE/StatischeSeiten/Breg/Reformprojekte/gesundheit-und-rente-2006-10-30-gesundheit

4. **Deutscher Bundestag.** Gesetzentwurf der Fraktionen SPD, CDU/CSU und BÜNDNIS 90/DIE GRÜNEN. *www.die-gesundheitsreform.de.* [Online] Drucksache 15/1525, 08. 09 2003. [Zitat vom: 24. 05 2008.] http://www.die-gesundheitsreform.de/gesetze_meilensteine/gesetze/pdf/2003-09-08_bt-drucksache15_1525.pdf.

5. **Bundesministerium für Gesundheit.** *Medizinische Versorgungszentren in Deutschland.* [Mircrosoft Excel Tabelle] 2008.

6. **Bundesministerium für Gesundheit.** www.die-gesundheitsreform.de. [Online] [Zitat vom: 23. 05 2008.] http://www.die-gesundheitsreform.de/glossar/medizinische_versorgungszentren.html.

7. **Kassenärztliche Bundesvereinigung.** *Von der Idee zur bundesweiten Umsetzung Entwicklung der Medizinischen Versorgungszentren.* [pdf] Berlin, 2008.

8. **Bundesministerium für Gesundheit.** Integrierte Versorgung eine Chance für Patienten. *www.die-gesundheitsreform.de.* [Online] 12. 03 2007. [Zitat vom: 23. 05 2008.] http://www.die-gesundheitsreform.de/gesundheitssystem/zukunft_entwickeln/integrierte_versorgung/pdf/grundlagen_integrierte_versorgung.pdf.

9. **Bundesministerium für Gesundheit.** Gesundheit und Preisbewusstsein passen zusammen warum das Arzneimittelverordnungs-Wirtschaftlichkeitsgesetz (AVWG) notwendig ist und was es bringt. *www.die-gesundheitsreform.de.* [Online] 03. 05 2006. [Zitat vom: 23. 05 2008.] http://www.die-gesundheitsreform.de/gesetze_meilensteine/gesetze/pdf/hintergruende_avwg.pdf.

10. **Ärzte Zeitung.** *Die Therapiehoheit liegt weiter bei Ärzten.* Neu-Isenburg, 12. 02 2008, S. 15.

11. **Jost, S.** Das Aldi-Prinzip. *brand eins.* 1 2008, S. 28-33.

12. **Bundesgesetzblatt.** Gesetz zur Stärkung der gesetzlichen Krankenversicherung (GKV-Wettbewerbsstärkungsgesetz – GKV-WSG). *Bundesgesetzblatt Jahrgang 2007 Teil I Nr. 11.* Bonn, 30. 03 2007.

13. **SGB V.** Sozialgesetzbuch Fünftes Buch Gesetzliche Krankenversicherung. Zuletzt geändert durch Art. 1 G v. 19.12.2007 I 3024.

14. **Ärzte Zeitung.** *Durchbruch für Hausarztvertrag in Berlin.* Berlin, 26. 02 2008, S. 7.

15. **Rabbata, S.** *Hausarztzentrierte Versorgung: Das Vertragsgeschäft blüht - mit und ohne die KVen.* 16. 05 2008 in Deutsches Ärzteblatt, S. A-1041.

16. **Schmidt, U.** *„Wir machen den Arztberuf attraktiver".* [Befragte Person] Redaktionsbüro Gesundheit ein Service des Bundesministeriums für Gesundheit. 22. 01 2007.

17. **Thelen, P.** *Deregulierung: Die Angehörigen der Freien Berufe müssen sich langsam auf mehr Wettbewerb einstellen Kabinett macht Praxisketten möglich.* Berlin, 26. 05 2006, in Handelsblatt, S. 4.

18. **DocMorris Kooperationen GmbH.** www.docmorris-partner.de. [Online] [Zitat vom: 23. 05 2008.] http://www.docmorris-partner.de/docmorris/1-die-idee/willkommen/.

19. **AVIE GmbH.** www.avie-apotheke.de. [Online] [Zitat vom: 23. 05 2008.] http://www.avie-apotheke.de/informationen/avie-systemzentrale/willkommen.html.

20. **AVIE GmbH .** Wer steht hinter AVIE? *www.avie-apotheke.de.* [Online] [Zitat vom: 23. 05 2008.] http://www.avie-apotheke.de/informationen/avie-systemzentrale/11-fragen-an-avie.html.

21. **Thelen, P.** *Röhn-Klinikum will weiter zukaufen.* Frankfurt, 25. 04 2008, in Handelsblatt, S. 21.

22. **Statitisches Bundesamt.** Krankenhausstatistik 2006. *www.gbe-bund.de.* [Online] 27. 08 2007. [Zitat vom: 23. 05 2008.] http://www.gbe-bund.de/oowa921-install/servlet/oowa/aw92/WS0100/_XWD_PROC?_XWD_96/9/XWD_CUBE.DRILL/_XWD_126/D.000/3722#SOURCES.

23. **Bundesministerium für Gesundheit.** Fallpauschalengesetz FPG. *www.die-gesundheitsreform.de.* [Online] [Zitat vom: 24. 05 2008.] http://www.die-gesundheitsreform.de/gesetze_meilensteine/gesetze/fpg/index.html.

24. **Preuß, K.-J. und Ecker, T.** Agenda 2012 - Veränderungen der Versorgungsstrukturen und Leistungserbringung (I) 2007, in *Pharma-Marketing Journal*, S. 78-83.

25. **Kassenzahnärztliche Bundesvereinigung.** *Jahrbuch 2007 Statistische Basisdaten zur vertragszahnärztlichen Versorgung.* Kassenzahnärtzliche Bundesvereinigung. 2007.

26. **Europäische Gemeinschaft.** Regionen: Statistisches Jahrbuch 2006 Daten 2000-2004. *www.epp.eurostat.ec.europa.eu.* [Online] 2006. [Zitat vom: 03. 06 2008.] http://epp.eurostat.ec.europa.eu/cache/ITY_OFFPUB/KS-AF-06-001-09/DE/KS-AF-06-001-09-DE.PDF.

27. **Institut der deutschen Zahnärzte.** *Vierte Deutsche Mundgesundheitsstudie (DMS IV).* Institut der Deutschen Zahnärzte (IDZ) im Auftrag von Bundeszahnärztekammer und Kassenzahnärztlicher Bundesvereinigung. 2006.

28. **Statistisches Bundesamt.** *11. koordinierte Bevölkerungsvorausberechnung – Annahmen und Ergebnisse.* Gruppe VI A, Statistisches Bundesamt. 2006.

29. **Institut der deutschen Zahnärzte.** *Investitionen bei der zahnärztlichen Existenzgründung 2006.* IDZ. 2007.

30. **Tiemann, B., Klingenberger, D. und Weber, M.** *System der zahnärztlichen Versorgung in Deutschland.* [Hrsg.] Institut Der Deutschen Zahnärzte (IDZ). Köln : Deutscher Zahnärzte Verlag DÄV, 2003. Bd. 28.

31. **Kassenzahnärztliche Bundesvereinigung .** Gesundheitsreform 2004. *www.kzbv.de.* [Online] [Zitat vom: 07. 05 2008.] http://www.kzbv.de/m101.htm.

32. **Kassenzahnärztliche Bundesvereinigung** . Festzuschüsse beim Zahnersatz. *www.kzbv.de.* [Online] [Zitat vom: 07. 05 2008.] http://www.kzb v.de/m101.htm.

33. **Kazemi, R. und Lingenberg, C.** Der Zahnarzt als Kreditvermittler - rechtliche Aspekte des Angebotes von Finanzierungen zahnersatztechnischer Leistungen durch den niedergelassenen Zahnarzt. *Medizinrecht.* 04 2005, Vol. 23 (4), S. 196-203.

34. **Kassenzahnärztliche Bundesvereinigung** . Gesundheitsreform 2007: Reform des Vertragsarztrechts. *www.kzbv.de.* [Online] [Zitat vom: 07. 05 2008.] http://www.kzbv.de/m101.htm?www.kzbv.de/gespol/m101-1-m.htm.

35. **Kassenzahnärztliche Bundesvereinigung.** Gesundheitsreform 2007: Reform der Krankenversicherung. *www.kzbv.de.* [Online] [Zitat vom: 07. 05 2008.] http://www.kzbv.de/m101.htm.

36. **Stein, G.** *Franchisingnetzwerke im Dienstleistungsbereich - Management und Erfolgsfaktoren.* [Hrsg.] Arnold Picot und Ralf Reichwald. Wiesbaden : Gabler / Deutscher Universitäts Verlag, 1996. Dissertation.

37. **Kunkel, M.** *Franchising und asymmetrische Informationen - eine institutionenökonomische Untersuchung.* München, 1994.

38. **Tietz, B.** *Handbuch Franchising: Zukunftsstrategien für die Marktbearbeitung.* 2. Auflage. Landsberg, 1991.

39. **Kubitschek, Ch.** *Franchising: Effizienzvergleich mit alternativen Vertriebskonzepten.* Wiesbaden : Deutscher Universitäts Verlag, 1999. Dissertation.

40. **Kriependorf, P.** Internationales Franchising. [Hrsg.] K. Macharzina und M. Welge. *Handwörterbuch Export und internationale Unternehmung.* Stuttgart, 1989, S. 711-726.

41. **Pauli, K. S.** *Franchising.* Düsseldorf, 1990.

42. **Martinek, M.** *Franchsing - Grundlagen der zivil- und wettbewerbsrechtlichen Behandlung der vertikalen Gruppenkoordination beim Absatz von Waren und Dienstleistungen.* Heidelberg, 1987.

43. **Skaupy, W.** *Franchising - Handbuch für die Betriebs- und Rechtspraxis.* 2. Auflage. München, 1995.

44. **Hempelmann, B.** *Optimales Franchising - eine ökonomische Analyse der Vertragsgestaltung in Franchise-Beziehungen.* Heidelberg : Physica-Verlag, 2000. Habilitationsschrift.

45. **Kaub, E.** *Erfolg in der Gastronomie: Betriebstypen- und Absatzplanung, Franchise-Systeme, Brauerei-Kooperationen, Preis- und Vertragsgestaltung, Dynamik.* Frankfurt am Main, 1990.

46. **Deutscher Franchise Verband e.V.** *Franchise-Chancen - Selbständig machen mit Franchising.* München, 1983.

47. **Kaub, E.** *Franchise-Systeme in der Gastronomie.* Saarbrücken, 1980.

48. **Beuthien, V. und Schwarz, G. C.** *Kooperationsgruppen des Handels und Franchisesysteme in Europa aus der Sicht des EG-Wettbewerbsrechts.* München, 1993.

49. **Bellone, V.** Franchising - Existenzgründung mit System. [Hrsg.] Deutscher Franchiseverband e.V. *Franchising: Mit starken Partnern ins Ziel.* Berlin, 2007, S. 9-17.

50. **Sydow, J.** Franchisingnetzwerke - Ökonomische Analyse einer Organisationsform der Dienstleistungsproduktion und -distribution". *Zeitschrift für Betriebswirtschaft.* Heft 1, 1994, S. 95-113.

51. **Meffert, H. und Bruhn, M.** *Dienstleistungsmarketing: Grundlagen - Konzepte - Methoden.* 5., überarbeitete und erweiterte Auflage. Wiesbaden, Gabler, 2006.

52. **Corsten, H.** *Betriebswirtschaftslehre der Dienstleistungsunternehmungen.* Oldenburg, 1990.

53. **Berekhoven, L.** *Der Dienstleistungsmarkt in der Bundesrepublik Deutschland.* Göttingen, 1997.

54. **Berry, L. L. und Parasuraman, A.** *Marketing Services. Competing through Quality.* New York, 1991.

55. **Lehmann, A.** *Dienstleistungsmanagement: Strategien und Ansatzpunkte zur Schaffung von Servicequalität.* Stuttgart, 1993.

56. **Preble, J. F.** Franchising Finacial Services: Promise, Problems, and Prospects. *American Business Review.* 01 1992.

57. **Cross, J. C. und Wallker, B. J.** Service Marketing and Franchising: a Practical Business Marriage. *Business Horizions.* 11/12 1987.

58. **Boehm, H.** Grundlagen des Franchising. [Hrsg.] H. Boehm, G. Kuhn und W. Skaupy. *Checklist Franchising - Franchise-Systeme aufbauen und erfolgreich führen.* 1980, S. 9-44.

59. **Altmann, F. W.** *Franchising im Spiegelbild ökonomischer Theorien.* Institut für Genossenschaftswesen, Universität Münster. 1994.

60. **Deutscher Franchise Verband .** Richtlinie zum System-Check von Franchise-Systemen. 2005.

61. **European Franchise Federation.** European Code of Ethis for Franchising. Brüssel, 2003.

62. **Bundesvereinigung Deutscher Apothekerverbände .** www.abda.de. [Online] 22. 09 2008. [Zitat vom: 30. 09 2008.] http://www.abda.de/1968.html.

63. **AVIE GmbH.** www.avie-apotheke.de. [Online] 06. 03 2006. [Zitat vom: 07. 07 2008.] http://www.avie-apotheke.de/service/presse/presse-mitteilungen/09032006-avie-infotag-in-koeln.html.

64.

65. **DocMorris Kooperationen GmbH.** www.docmorris-partner.de. [Online] [Zitat vom: 07. 07 2008.] http://www.docmorris-partner.de/docmorris/1-die-idee/ihre-vorteile/.

66. **Apotheken Management Institut GmbH.** Kooperations-Kompass. [Hrsg.] S. Walser, Th. Eckart und Apotheken Management-Institut GmbH. 05 2008.

67. **Celesio AG.** www.celesio.de. *Pressemitteilung Celesio übernimmt Mehrheit an DocMorris.* [Online] 26. 04 2007. [Zitat vom: 30. 09 2008.] http://www.celesio.com/ag/?nx=27406&ni=40-10&lg=de.

68. **Celesio AG.** www.celesio.com. [Online] 2007. [Zitat vom: 30. 09 2008.] http://ir3.quartalflife.com/data/celesio/businessreport/celesio_2007/index.ph p?content=34&culture=de-DE.

69. **EasyApotheke.** www.easyapotheke-partner.de. [Online] 2007. [Zitat vom: 05. 09 2008.] http://www.easyapotheke-partner.de/content/kooperationsmodel l/standortkriterien.html.

70. **EasyApotheke.** www.easyapotheke.de. [Online] 2007. [Zitat vom: 05. 09 2008.] http://www.easyapotheken.de/apoglobal/aboutus.html.

71. **EasyApotheke.** www.easyapotheken.de. [Online] 2007. [Zitat vom: 04. 09 2008.] http://www.easyapotheken.de/.

72. **MKSK Pflegeteam Franchise.** www.pflegeteam-lehrte.de. [Online] [Zitat vom: 07. 07 2008.] http://www.pflegeteam-lehrte.de/cms/index.php?id=26,0,0, 1,0,0.

73. **MSKS Pflegeteam Franchise .** MSKS Pflegeteam Franchise. [Broschüre]. Sehnde, 2006.

74. **Franchise net.** www.franchise-net.de. [Online] 2008. [Zitat vom: 18. 07 2008.] http://www.franchise-net.de/Applications/FN_app/app/showSystem.a sp?sysID=5677.

75. **Musik auf Rädern GbR.** http://www.musikaufraedern.de/. [Online] [Zitat vom: 25. 08 2008.]

76. **Kieser Training AG.** www.kieser.training.com. [Online] 2007. [Zitat vom: 17. 07 2008.] http://www.kieser-training.com/de_deutsch/pages/UN/ UN_Ck.shtml?navid=68.

77. **Kieser Training AG.**. www.kieser-training.com. [Online] 2007. [Zitat vom: 17. 07 2008.] http://www.kieser-training.com/de_deutsch/pages/UN/ UN_Kt.shtml?navid=59.

78. **Kieser Training AG.** www.kieser-training.com. [Online] 2007. [Zitat vom: 17. 07 2008.] http://www.kieser-training.com/de_deutsch/pages/KO/ KO_Kn.shtml?navid=38.

79. **Kieser Training AG.** www.kieser-training.com. [Online] 2008. [Zitat vom: 17. 07 2008.] http://www.kieser-training.com/de_deutsch/pages/UN/UN_FgSg.shtml?navid=64.

80. **Kieser Training AG.** *Basispressemappe Kieser Training AG.* [pdf] Köln : s.n., 21. 01 2008.

81. **SAZ Rücken College AG.** www.rücken-college.de. [Online] [Zitat vom: 07. 07 2008.] http://www.ruecken-college.de/fuer_wen_ist_ruecken_college.php.

82. **SAZ Rücken College AG.** www.rücken-college.de. [Online] [Zitat vom: 07. 07 2008.] http://www.ruecken-college.de/ruecken_college_unternehmen.php.

83. **Anderson, C.** The arrival of franchise dentistry. *Journal of the Missouri Dental Association.* 11/12 1984, S. 16-18.

84. **Corby, S. C.** The birth of franchise dentistry. *Dental economics - oral hygiene.* 05 1979, S. 53-55.

85. **Comfort Dental.** www.comfortdental.com. [Online] [Zitat vom: 02. 07 2008.] http://comfortdental.com/flash.html.

86. **Comfort Dental.** *Comfort Dental Image DVD "Where Talent Meets Opportunity".* Comfort Dental, 2006.

87. **Deutsche Botschaft Madrid.** www.madrid.diplo.de. [Online] 2008. [Zitat vom: 10. 10 2008.] http://www.madrid.diplo.de/Vertretung/madrid/de/04/Leben__und__Arbeiten/Gesundheitssystem_20in_20Spanien/Gesundheitssystem_20in_20Spanien.html.

88. **Vitaldent.** www.vitaldent.com. [Online] [Zitat vom: 02. 07 2008.] http://www.vitaldent.com/.

89. **National Health Service.** www.nhs.uk.com. *National Health Service.* [Online] [Zitat vom: 02. 07 2008.] http://www.nhs.uk/AboutNHSservices/dentists/Pages/DentistsFAQs.aspx.

90. **Techniker Krankenkasse.** www.tk-online.de. [Online] 06. 06 2005. [Zitat vom: 30. 09 2008.] http://www.tk-online.de/centaurus/generator/tk-online.de/01__gut__versichert/090-zusatzversicherung/60__studie/studie__navi.html.

91. **Barmer Ersatzkasse.** www.barmer.de. [Online] 2008. [Zitat vom: 03. 10 2008.] http://www.barmer.de/barmer/web/Portale/Versichertenportal/Formulare_20und_20Bescheinigungen/Antr_C3_A4ge_20stellen/Zusatzschutz/content_20HUK.

92. **AOK.** www.aok.de. [Online] 2008. [Zitat vom: 03. 10 2008.] http://www.aok.de/rh/rd/176914.php.

93. **Dental networks Deutschland GmbH.** www.dental-networks.de. [Online] 2008. [Zitat vom: 03. 08 2008.] http://dental-networks.de/cms/index.php?option=com_content&task=view&id=5&Itemid=6.

94. **Medeco GmbH.** www.medeco.de. [Online] 2008. [Zitat vom: 21. 07 2008.] http://www.medeco.de/index.php?id=9.

95. **Medeco GmbH.** www.medeco.de. [Online] 2008. [Zitat vom: 10. 10 2008.] http://www.medeco.de/index.php?id=9.

96. Musterberufsordnung der Bundeszahnärztekammer. Stand 16. 02 2005.

97. **Zahnärztliche Mitteilung**. *Kette ist nicht gleich Kette.* 16. 10 2006, S. 12-13.

98. **Die Zahnarzt Woche.** *Aus MacDent wird TruDent.* 46/07, 2007.

99. **TruDent AG.** Das Konzept. Eckernförde, 2007.

100. **TruDent AG.** TruDent Systemhandbuch. 2008.

101. **Kassenzahnärztliche Bundesvereinigung.** www.kzbv.de. *Regelungen des Fortbildungsnachweises gemäß § 95 d Abs. 6 SGB V.* [Online] 17. 05 2006. [Zitat vom: 04. 10 2008.] http://www.kzbv.de/edv/RegelungFobiNachweis_060517.pdf.

102. **Gemeinsamer Bundesausschuss.** Richtlinie des Gemeinsamen Bundesausschusses über grundsätzliche Anforderungen an ein einrichtungsinternes Qualitätsmanagement in der vetragszahnärztlichen Versorgung (Qualitätsmanagement Richtlinie vetragszahnärztliche Versorgung). Bonn : s.n., 2006.

103. **Techniker Krankenkasse.** www.tk-online.de. [Online] 29. 04 2008. [Zitat vom: 04. 10 2008.] http://www.tk-online.de/centaurus/generator/tk-online.de/06__zaehne/07__tk-leistungen/trudent/trudent.html.

104. **Smilecare GmbH.** www.smilecare.de. [Online] 2008. [Zitat vom: 04. 10 2008.] http://www.smilecare.de/smilecare2004/index.html.

105. **Smilecare GmbH.** www.smilecare.de. [Online] 2008. [Zitat vom: 05. 10 2008.] http://www.smilecare.de/smilecare2004/index.html.

106. **GoDentis GmbH.** www.godentis.de. [Online] 2008. [Zitat vom: 11. 10 2008.] http://www.godentis.de/godentis-erfolgsgeschichte_60_112.php.

107. **DKV Deutsche Krankenversicherung AG.** www.dkv.com. [Online] 2008. [Zitat vom: 11. 10 2008.] https://www.beitragsrechner.dkv.com/oam/o1d/umfang.do;jsessionid=5ECF3AFFD55C4219C198E7700CC02521.

108. **GoDentis GmbH.** www.godentis.de. [Online] 2008. [Zitat vom: 11. 10 2008.] http://www.godentis.de/downloads/goDentis_Franchise-Partnerschafts vertrag_26_070108.pdf.

109. **GoDentis GmbH.** www.godentis.de. [Online] 2008. [Zitat vom: 10. 10 2008.] http://www.godentis.de/godentis-voraussetzungen_59_124.php.

110. **Financial Times Deutschland.** www.ftd.de. [Online] 02. 10 2008. [Zitat vom: 11. 10 2008.] http://www.ftd.de/unternehmen/gesundheitswirtschaft/:Bil lig-Zahnarztkette-vor-dem-Ende-McZahn-meldet-Insolvenz-an/420971.html.

111. **Financial Times Deutschland.** www.ftd.de. [Online] 14. 08 2008. [Zitat vom: 11. 10 2008.] http://www.ftd.de/unternehmen/gesundheitswirtschaft/: Betrugsvorw%FCrfe_Ermittlungen_gegen_McZahn/399223.html.

112. **Stern.** www.stern.de. [Online] 14. 08 2008. [Zitat vom: 11. 10 2008.] http://www.stern.de/wirtschaft/unternehmen/unternehmen/:McZahn-Skandal -Zweifel-Chinas-Z%E4hnen/634772.html.

113. **Focus online.** www.focus.de. [Online] 27. 09 2006. [Zitat vom: 11. 10 2008.] http://www.focus.de/gesundheit/ratgeber/zaehne/discounter-mczahn_ aid_116363.html.

114. **Brandenbusch, W.** *MC Zahn eröffnet erste Filiale.* 28. 09 2006. http:// www.faz.net/s/Rub0E9EEF84AC1E4A389A8DC6C23161FE44/Doc~EB7A D87ACAAA54057949A21B23B213C54~ATpl~Ecommon~SMed.html.

115. **Die Zahnarzt Woche.** Mc Zahn streitet sich mit seinen Zahnärzten auf Kosten der Patienten. 04. 04 2007, 14/07.

116. **Deutsche Krankenversicherung AG .** www.beitragsrechner.dkv.com. [Online] 2008. [Zitat vom: 11. 10 2008.] https://www.beitragsrechner.dkv.com/oam/o1d/beitrag.do;jsessionid=5ECF3AFFD55C4219C198E7700CC02521.

117. **Norddeutscher Rundfunk Anstalt des öffentlichen Rechts.** www.tagesschau.de. [Online] 01. 10 2008. [Zitat vom: 11. 10 2008.] http://www.tagesschau.de/wirtschaft/mczahn102.html.

118. **AVIE GmbH.** www.avie.de. [Online] 12. 11 2007. [Zitat vom: 07. 07 2008.]

12. Abbildungsverzeichnis

13. Anhang

Anschreiben an die FG

Sehr geehrter Herr XY,

Ich bin Studentin des Masterstudienganges Consumer Healthcare an der Charité Universitätsmedizin in Berlin. Derzeit schreibe ich meine Abschlussarbeit zum Thema:

Möglichkeiten und Grenzen von Franchisesystemen im deutschen Gesundheitswesen
Eine Untersuchung am Beispiel der zahnärztlichen Versorgung

In diesem Zusammenhang würde ich sehr gerne Ihr Franchisesystem vorstellen. Dabei ist es für mich essentiell, dass ich die Informationen direkt von Ihnen erhalte und nicht auf die sekundären Informationen der regionalen und nationalen Tages und Wochenpresse zurückgreifen muss. Aus diesem Grund wäre ich Ihnen sehr dankbar, wenn Sie mir bei der Beantwortung meines Fragebogens behilflich sein würden.

Die Beantwortung des Fragebogens können Sie gerne alleine durchführen oder ebenfalls mit mir gemeinsam am Telefon besprechen.

Die Rücksendung des Fragebogens können Sie postalisch, via Mail oder via Fax vornehmen.

Mit freundlichen Grüßen

Verena Purrucker

Kontaktdaten:
Verena Purrucker
Holunderweg 20
22453 Hamburg

verena.purrucker@web.de
Tel: 040-839-888-83
Fax: 040-839-888-84

Fragebogen zur Erfassung der Franchisesysteme

I Kontaktdaten

Dieser Bereich erfasst die Eckdaten Ihrer Unternehmung.

A) Firmenname ______________________

C) Straße / Nr. ______________ D) PLZ / Ort ______________

E) Ansprechpartner ______________ F) Email ______________

G) Telefonnummer ______________ H) Faxnummer ______________

II Franchisedaten

Dieser Bereich erfasst die Eckdaten Ihrer Franchisekonzeption.

A) Gründungsjahr ______________ B) Systemumsatz (per anno) ______________

C) Gesellschaftsform ______________

D) Geschäftsbericht JA ☐ NEIN ☐

E) Anzahl Franchisepartner in Deutschland:

Gründungsjahr ______________

2006 ______________ 2007 ______________

2008 ______________ 2009 (Plan) ______________

2010 (Plan) ______________ 2015 (Plan) ______________

F) Einstiegsgebühr ______________ G) Laufende Gebühren ______________

H) Werbegebühren ______________ I) ∅ Vertragslaufzeit ______________

J) Kündigungsfristen ______________________

III Franchisenehmeranforderung

Dieser Bereich soll die notwendigen Anforderung erfassen, damit ein potentieller Franchisenehmer an Ihrem Konzept teilnehmen darf.

A) Approbierter Zahnarzt JA ☐ NEIN ☐

B) ∅ Investitionssumme ______________

C) Freie Standortwahl JA ☐ NEIN ☐

D) Zusatzausbildung JA ☐ NEIN ☐

Sofern eine Zusatzausbildung erforlderlich ist, bennen Sie diese bitte: ______________

E) Sind weitere Voraussetzungen erforderlich, dann benenne Sie diese bitte: ______________

____

IV Franchisegeberleistung

In diesem Bereich soll Ihr Leistungsangebot erfasst werden.

A) Bieten Sie eine Einführungsschulung an? JA ☐ NEIN ☐

B) Führen Sie nach Geschäftseröffnung laufende Schulungen durch? JA ☐ NEIN ☐

Sofern laufende Schulungen durchgeführt werde, wieviele Schulungen werden jährlich angeboten?

1-2 ☐ 3-4 ☐ 5-6 ☐ häufiger ☐

C) Erfolgt eine persönliche Betreuung vor Ort? JA ☐ NEIN ☐

D) Bieten Sie Ihren potentiellen Franchisenehmern Finanzierungshilfen an? JA ☐ NEIN ☐

E) Bieten Sie Ihren potentiellen Franchisenehmern Finanzierungsberatung an? JA ☐ NEIN ☐

F) Führen Sie regelmäßig Marktbeobachtungen durch? JA ☐ NEIN ☐

G) Bieten Sie Ihren Franchisenehmern administrative Serviceleistungen an? JA ☐ NEIN ☐

Sofern Sie diese Leistungen bieten, benennen Sie diese bitte:

Buchhaltung	JA ☐	NEIN ☐
Betriebsvergleiche	JA ☐	NEIN ☐
Patiententerminierung	JA ☐	NEIN ☐
Personalauswahl	JA ☐	NEIN ☐
Lohnabrechnung	JA ☐	NEIN ☐
Rechnungswesen	JA ☐	NEIN ☐
Kundenstammpflege	JA ☐	NEIN ☐
Marketingmaßnahmen	JA ☐	NEIN ☐
Materialbeschaffung	JA ☐	NEIN ☐
Sonstiges	___________	
Sonstiges	___________	
Sonstiges	___________	

H) Hat Ihr Franchisekonzept eine Kooperation mit Krankenversicherungen? JA ☐ NEIN ☐

Sofern Sie eine Kooperation haben, bennen Sie bitte diese: ___________

I) Hat Ihr Franchisekonzept eine Kooperation mit Dentallaboren? JA ☐ NEIN ☐

Sofern Sie eine Kooperation haben, bennen Sie bitte das Labor: ___________

J) Gibt es ein Franchisehandbuch? JA ☐ NEIN ☐

K) Gibt es eine Qualitätskontrolle der Dienstleistung? JA ☐ NEIN ☐

Sofern eine Qualitätskontrolle vorgesehen ist, wie wird diese Durchgeführt?

____

____

____

V Patientennutzen

In diesem Bereich soll der Nutzen den Patienten durch Ihr Franchisesystem haben erfasst werden.

A) Erhält der Patient eine bessere zahnärtzliche Versorgung? JA ☐ NEIN ☐

B) Ist die zahnärztliche Versorung für den Patienten bei gleichbleibender Qualität kostengünstiger?

JA ☐ NEIN ☐

C) Bekommt der Patient schneller Termine? JA ☐ NEIN ☐

D) Kann der Patient auf längere Öffnungszeiten zurückgreifen? JA ☐ NEIN ☐

E) Kann der Patient auf Finazierungsmöglichkeiten zurückgreifen? JA ☐ NEIN ☐

Gesprächsleitfäden

Gesprächsleitfaden „Alternative Kooperationsformen" (Medeco, dental Networks)

1. Kurze Vorstellung der Arbeit
2. Einordnung des Konzeptes des Gesprächspartners
3. Darstellung der Zielsetzung des Gespräches
4. Beantwortung folgender Fragen:
    a. Ziel/Idee des Konzeptes
    b. Warum kein Franchising
    c. Welcher Unterschied besteht zu Franchising
    d. Rahmendaten der Leistung

Gesprächsleitfaden „Patienten der Vitaldent in Spanien"

1. Kurze Vorstellung der Arbeit
2. Erklärung warum deren Input wichtig ist
3. Beantwortung folgender Fragen:
    a. Seit wann besteht ein Leistungsverhältnis zu Vitaldent
    b. Wie ist der Ablauf der Behandlung
    c. Welche Kosten entstehen durch Vitaldent
    d. Gibt es Alternativen zu Vitaldent
    e. Sind alle Vitaldent Kliniken identisch aufgebaut

Gesprächsleitfaden „Comfort Dental"

1. Kurze Vorstellung der Arbeit
2. Erklärung warum deren Input wichtig ist
3. Beantwortung folgender Fragen:
    a. Seit wann besteht Comfort Dental
    b. Warum ist Comfort Dentale einer der wenigen bestehenden Systeme
    c. Worin unterscheidet sich Vitaldent Comfort Dental von anderen Systemen
    d. Gibt es Alternativen zu Comfort Dental
    e. Sind alle Comfort Dental Praxen identisch aufgebaut
4. Bitte um Informationsmaterialien

SCHRIFTENREIHE MASTERSTUDIENGANG CONSUMER HEALTH CARE

herausgegeben von Prof. Dr. Marion Schaefer

ISSN 1869-6627

1 *Lena Harmann*
Patienteninformation und Shared Decision Making im Lichte des Publikumswerbeverbotes für verschreibungspflichtige Arzneimittel
ISBN 978-3-8382-0056-9

2 *Janna K. Schweim*
Untersuchungen zum Arzneimittelversandhandel aus Verbrauchersicht
ISBN 978-3-8382-0071-2

3 *Ansgar Muhle*
Deutsche Gesundheitsportale im Netz
Kritische Einschätzung anhand der gängigen Qualitätssiegel
ISBN 978-3-8382-0086-6

4 *Elizabeth Storz*
Psychopharmakamarkt in Deutschland
Eine Untersuchung zu den Strukturveränderungen durch das Arzneiversorgungs-Wirtschaftlichkeitsgesetz (AVWG)
ISBN 978-3-8382-0109-2

5 *Ursula Sellerberg*
Heilpflanzen-Datenbanken im Internet
Eine kritische Untersuchung anhand verbraucherrelevanter Kriterien
ISBN 978-3-8382-0092-7

6 *Rüdiger Kolbeck*
Arzneimittelfälschungen auf globaler und nationaler Ebene
Eine Studie über das Problembewusstsein bei Patienten und Experten
ISBN 978-3-8382-0155-9

7 *Silke Lauterbach*
Das diabetische Fußsyndrom
Ein Ratgeber zur Identifizierung von Risikopatienten in der Apotheke
ISBN 978-3-8382-0182-5

8 *Judith Rommerskirchen*
Die Arzneimittelrabattverträge der gesetzlichen Krankenversicherungen
Eine Studie über Probleme bei ihrer Umsetzung an der Schnittstelle von Arzt und Apotheker
ISBN 978-3-8382-0253-2

9 *Verena Purrucker*
Möglichkeiten und Grenzen von Franchisesystemen in der zahnärztlichen Versorgung in Deutschland
ISBN 978-3-8382-0186-3

Abonnement

Hiermit abonniere ich die **Schriftenreihe Masterstudiengang Consumer Health Care (ISSN 1869-6627),** herausgegeben von Prof. Dr. Marion Schaefer,

❒ ab Band # 1

❒ ab Band # ___

  ❒ Außerdem bestelle ich folgende der bereits erschienenen Bände:

  #___, ___, ___, ___, ___, ___, ___, ___, ___, ___, ___, ___

❒ ab der nächsten Neuerscheinung

  ❒ Außerdem bestelle ich folgende der bereits erschienenen Bände:

  #___, ___, ___, ___, ___, ___, ___, ___, ___, ___, ___, ___

❒ 1 Ausgabe pro Band ODER ❒ ___ Ausgaben pro Band

Bitte senden Sie meine Bücher zur versandkostenfreien Lieferung innerhalb Deutschlands an folgende Anschrift:

Vorname, Name: ________________________________

Straße, Hausnr.: ________________________________

PLZ, Ort: ________________________________

Tel. (für Rückfragen): ________________ *Datum, Unterschrift:* ________________

Zahlungsart

❒ *ich möchte per Rechnung zahlen*

❒ *ich möchte per Lastschrift zahlen*

bei Zahlung per Lastschrift bitte ausfüllen:

Kontoinhaber: ________________________________

Kreditinstitut: ________________________________

Kontonummer: ________________ Bankleitzahl: ________________

Hiermit ermächtige ich jederzeit widerruflich den ***ibidem***-Verlag, die fälligen Zahlungen für mein Abonnement der **Schriftenreihe Masterstudiengang Consumer Health Care** von meinem oben genannten Konto per Lastschrift abzubuchen.

Datum, Unterschrift: ________________________________

Abonnementformular entweder **per Fax** senden an: **0511 / 262 2201** oder 0711 / 800 1889
oder als **Brief** an: ***ibidem***-Verlag, Julius-Leber Weg 11, 30457 Hannover oder
als e-mail an: ibidem@ibidem-verlag.de

***ibidem*-Verlag**
Melchiorstr. 15
D-70439 Stuttgart
info@ibidem-verlag.de

www.ibidem-verlag.de
www.ibidem.eu
www.edition-noema.de
www.autorenbetreuung.de

Zeitfracht Medien GmbH
Ferdinand-Jühlke-Straße 7
99095 Erfurt, Deutschland
produktsicherheit@kolibri360.de